U0510237

上海智库报告

SHANGHAI ZHIKU BAOGAO

聚力双循环
引领新消费

高起点建设上海国际消费中心城市

张伊娜 方晓斌 展蓉 黄昊 于杨 ◎ 著

上海人民出版社

出 版 说 明

智力资源是一个国家、一个民族最宝贵的资源，中国特色新型智库是智力资源的重要聚集地。党的十八大以来，习近平总书记围绕建设中国特色新型智库、建立健全决策咨询制度，先后发表一系列重要讲话，作出一系列重要指示批示，为全面加强中国特色新型智库建设指明了方向、提供了根本遵循。党中央从推动科学决策民主决策、推进国家治理体系和治理能力现代化、增强国家软实力的战略高度，就中国特色新型智库建设作出一系列重大部署。中国特色新型智库建设进入高质量发展的"快车道"。

作为哲学社会科学的学术重镇，上海在决策咨询研究和智库建设方面一直走在全国前列。目前，全市拥有上海社会科学院、复旦大学中国研究院2家国家高端智库建设试点单位，上海全球城市研究院、上海国际问题研究院等16家市级重点智库，上海市科学学研究所等10家市级重点培育智库，初步形成以国家高端智库为引领，市级重点智库为支撑，其他智库为补充，结构合理、分工明确的新型智库建设布局体系。

"十四五"时期，在市委市政府的坚强领导下，全市新型智库坚持立足上海、面向全国、放眼世界，主动对接中央和市委重大决策需求，围绕关系国家和上海发展全局、影响长远的一系列重大问题，积极建言献策，提出真知灼见，取得了一大批具有重要学术价值、重大现实指导意义的智库研究成果，有力服务了国家战略，有效助推了上海发展。

当前，上海新型智库建设蹄疾步稳、成效明显，智库品牌不断提升、更加闪亮。为进一步加强智库成果的宣传推介，更好发挥智库资政启民的作用，在市委宣传部和市哲学社会科学工作领导小组的领导下，市社科规划办每年面向全市公开遴选一批优秀智库研究报告，以"上海智库报告"为统一标识，由上海人民出版社集中出版。入选报告紧扣国家战略和市委市政府中心工作，主题鲜明、分析深刻、逻辑严密，体现鲜明的时代特征和创新意识，具有较强的理论说服力、实践指导作用和决策参考价值。"上海智库报告"代表上海新型智库的最高研究水平，是上海全力打造的新型智库建设高端品牌。

2022年度"上海智库报告"聚焦浦东新区打造社会主义现代化建设引领区、构建现代化经济体系、推进高水平改革开放、超大城市现代化治理等一系列重大主题，突出强调以落实国家重大战略任务为牵引、以服务上海经济社会发展为导向，更加注重报告内容的战略性和前瞻性，引导全市新型智库努力为新时代国家和上海的经济社会发展资政建言，为上海加快建设具有世界影响力的社会主义现代化国际大都市提供有力的智力支撑。

上海市哲学社会科学规划办公室

2022年9月

目　录

第一章

上海建设国际消费中心城市的背景

在以国内大循环为主体、国内国际双循环相互促进的新发展格局中，消费无疑将扮演越来越重要的角色。2021 年 7 月 19 日，上海市同北京市、广州市、天津市和重庆市一道，被列入率先开展国际消费中心城市培育建设的名单。这不仅是党中央、国务院作出的重要战略部署，也是助推上海建设具有世界影响力的社会主义现代化国际大都市的重大利好政策。随后在上海建设国际消费中心城市动员大会上，上海市委书记李强再次强调消费作为最终需求，是经济增长最基础、最稳定、最持久的动力。发展商业、繁荣消费、建设国际消费中心城市对上海意义重大，是打造国内大循环中心节点和国内国际双循环战略链接的必然要求，是对城市核心功能的叠加和放大。

在众多具有雄厚实力和创新精神的城市中，上海的综合实力尤为突出，近年也相继取得数字经济、高端消费等方面的成功探索经验，首创大规模消费节庆活动"五五购物节"引发海内外广泛关注，可谓站在高起点建设国际消费中心城市。

第一节　消费城市理论与实践的发展

一、国外消费城市理论的提出和进展

消费城市理论的提出由来已久，其发展也已具备扎实基础。美国经济学

家爱德华·格莱泽（Edward Glaeser）等对逆向通勤、内城区房屋租金提升等现象进行剖析，首次系统地从消费视角探讨了城市未来发展的框架，被认为是现代消费城市理论的奠基人。[1] 他们认为，在人口和收入增加，交通、信息技术快速发展的趋势下，企业生产组织的选址和就业地点将更加灵活多变，城市间的生产优势差距将逐渐缩小消减，消费舒适性逐渐取代生产和就业考量，成为人们尤其是高级人力资本群体和创意阶层选择居住城市区域的主要权衡因素。人力资本外部性将强化思想交流和知识技术溢出，激发创新，进一步促进城市发展，也即城市的未来越来越依赖于对消费者的吸引力。美国城市社会学家特里·克拉克（Terry Clark）则进一步谈到了城市作为一个娱乐消费机器的存在，城市的主导功能越来越多地转向消费功能（中心）。[2]

（一）城市结构的转型：消费城市形态的出现

哈佛大学城市经济学家爱德华·格莱泽教授和芝加哥大学城市社会学家特里·克拉克分别对美国纽约、芝加哥、洛杉矶、费城、波士顿和底特律等大都市研究后发现，以制造业为代表的传统工业从城市中心撤离或衰竭，而以文化创意和休闲娱乐为主的新兴产业逐渐兴起。大都市的城市形态从生产导向型向消费导向型开始转变，一个新的城市时代已经悄然来临——以消费为主的后工业城市形态。

格莱泽认为，传统的城市研究把城市优势锁定在生产方面而非消费，同时，他还指出，现有的研究经常会忽视城市密度在促进消费方面的功能和角色。未来大城市的竞争力体现在都市作为一个整体性场景在吸引高素质人力资本的能力上。这方面的证据来源于格莱泽对美国纽约的定量数据分析和定性的实地观察，他认为对生活质量的强调、对城市舒适性与便利性的塑造，

---

[1] Glaeser Edward L., Kolko Jed, Saiz Albert. "Consumer city". Journal of Economic Geography, Vol.1, No.1, Jan.2001.

[2] Terry Nichols Clark（Ed.）. "The City as an Entertainment Machine, Research in Urban Policy", Vol. 9, Amsterdam: Elsevier-JAI Press, 2004.

将成为未来大城市建设的新行动战略。

（二）消费城市的基础：都市设施提供的舒适性与便利性

格莱泽认为，城市的未来取决于其对密度的需要。如果大城市想继续维持现有的增长与繁荣，就必须有更多人持有生活在高密度城市里的意愿和冲动，而这种意愿与冲动的培养与塑造，城市舒适性和便利性起到很关键的作用。

未来大城市的优势体现在城市作为消费机器的能力上，而舒适性和便利性正是这种能力的重要体现。格莱泽表示，舒适性和便利性是由城市设施（urban amenities）提供，并把城市设施分为了四类：（1）丰富多样的服务与消费品（a rich variety of services and consumer goods）；（2）美学与自然条件（aesthetics and physical setting）；（3）好的公共服务（good public services）；（4）交通速度（speed）。总之，后工业城市增长的新动力必须依赖于培育和吸引高素质人力资本，以消费为导向的城市设施，和以此为基础开展的城市场景，对于吸引高人力资本群体扮演着重要角色。

（三）消费城市的动力来源：收入提高、技术变革与创意阶层

克拉克和格莱泽深入研究纽约、洛杉矶、芝加哥和波士顿等城市之后指出，有三种基本的力量催生着城市形态的转变，并且这种转变是根本性的，当这三种力量一旦与人口密度相结合，城市增长的效用就会显现。这三种力量分别为：（1）收入增加，个体变得越来越富足；（2）技术变革，传播与交通技术的改善对人力、物力和观念的传播；（3）创意性阶层的形成，超越党派、宗族和意识形态等元素的新力量。

（四）大城市的未来：作为消费娱乐机器而存在

格莱泽把美国的城市划分为三类：第一类城市是复苏的密集城市；第二类城市是停滞增长的高密度旧城；第三类城市是指边缘城市（the edge cities）。无论是像纽约和芝加哥这样的密集城市，还是如底特律和费城这样的衰落城市，以及如洛杉矶这类的边缘城市，它们都已经进入消费时代，城市作为消费娱乐机器而存在。

二、国内消费城市研究的进展

纵观国内有关消费中心城市的研究，学者们主要从五个方面进行了探讨，从国际消费中心城市的内涵、建设经验、路径研究、实证研究与指标构建，再到国内城市相关优势和发展策略研究，已经形成了较为严密和周全的研究体系，对于指导后续国际消费中心城市建设具有重要的积极意义。从宏观理论层面出发，学者们对消费中心城市的内涵和特征、建设消费中心城市的必要性、促进城市化发展和消费性城市转型等角度，展开了一系列研究，解决了"什么是国际消费中心城市""为什么要建设国际消费中心城市"的问题。而从应用实践角度，构建衡量消费中心城市的指标，锁定具体城市，研究特定城市建设国际消费中心城市的优势、问题和发展策略，提出可行的建议，则回答了"怎么建设好国际消费中心城市"的关键问题。

（一）国际消费中心城市的内涵研究

同国外研究一致，国内学者也已敏锐地指出建设国际消费中心城市是顺应经济全球化的必然要求和消费提质升级的客观需要，并将其与国家发展的前景紧密结合，强调加快建设国际消费中心城市是更好服务和融入新发展格局的重要举措。

为明确国际消费中心城市建设的重要意义，首要是理解消费在当今世界经济和文明阶段的重要意义，消费已不仅仅是满足日常日用的实用性消费，而是与社会文化、新兴现象产生了密切关联。人类社会发展"从生产向消费"的转型以及城市自身演化进程中"从生产性城市到消费性城市"的转型是当今世界两个值得关注的变化，而消费城市是结合我国国情和发展需求提出的新理念，契合新时代"更好满足人民美好生活需求，更好推进人的全面发展"的总体要求，呼应我国"优化供给推动消费平稳增长、促进形成强大国内市场"的经济布局。国际消费中心城市建设是我国城市从生产型城市转向消费型城市的有益尝试。[1]

之所以国际消费中心城市能够带来众多突出的正面效应，是来源于其卓越的消费引领能力与带动能力，能够在区域、国家、世界范围内，形成充分号召力，以强大的文化软实力与经济硬实力推动文明发展。从消费中心城市建设必要性来看，国际消费中心城市首先是全球化持续发展、全球消费市场一体化的产物，代表了向更高阶段发展突破的需求。刘涛等认为国际消费中心城市作为消费城市发展的高级形态，是具备国际消费中心功能的大型城市，有着不同于普通消费城市的突出特征：一是全球消费市场的制高点，具有强大的消费实现功能；二是全球消费资源的集聚地，具有高效的消费配置和带动功能；三是全球消费发展的风向标，具有突出的消费创新和引领功能。[2]

而对于中国而言，国际消费中心城市的建设不仅顺应了中国经济结构优化和转型升级的需要，也将在地理空间上实现空间结构优化，促进各城市群进一步发展，也即为城市化带来新的动能。建设国际消费中心城市是建设消费平台的重要举措，既可以将消费政策嵌入到其他国家战略，也可以在消费偏好和模式不断变化的情况下，更好发挥消费的基础性作用。黄卫挺指出我国国际消费中心城市的战略定位是形成具有综合竞争优势的世界城市，应能提供丰富多元的商品和服务、创造优质安全舒适的消费环境，以及形成与国际接轨的高效城市管理体系。[3]新发展格局下加快建设国际消费中心城市，对于各大城市实现精细化管理、差异化发展提出了更高要求，因而建设国际消费中心城市也是对城市化更高质量发展的重要命题。

（二）国际消费中心城市建设经验的系统研究

在国际消费中心城市建设方面，学者们系统总结了国内国外相关建设经

---

[1] 刘士林：《以消费城市为中心促进文旅融合发展》，《人民论坛·学术前沿》2019年第11期。

[2] 刘涛、王微：《国际消费中心形成和发展的经验启示》，《财经智库》2017年第4期。

[3] 黄卫挺：《关于建设若干国际消费中心城市的建议》，《中国经贸导刊》2015年第19期。

验，强调不仅需要避免轻视或盲目开展国际消费中心城市建设，同时还要因地制宜、因城市特色发展。

在系统总结经验、规避认知盲区方面，欧洲、美国、日本和新加坡等地的老牌国际城市得到了充分研究，学者们已总结出社会开放水平、服务业体系、文化风气等多重因素，硬件因素和软件因素均不可忽视，需要长期持久的建设培养。首先是全球各大国际消费中心城市的形成和发展具有诸多共性条件与趋势。王微总结为：第一，国际消费中心城市的形成与经济发展水平紧密联系。第二，国际消费中心城市是消费全球化的推动者和受益者。第三，国际消费中心城市的发展有赖于开放包容的环境与完善的制度政策。第四，国际消费中心城市的发展日益多样化和层次分化，主要有大型化、综合化发展和专业化、特色化发展两种，前者多出现于发达经济体，后者多出现在新兴工业化国家。[1] 汪婧基于现代城市理论，市场与政府双重动力以及需求—供给—环境三维分析框架也得出了一致结论。纽约、巴黎、伦敦、东京等消费型国际大都市的共同特点反映出国际消费中心城市至少应该具备五个基本特征：一是经济整体实力强，经济社会开放水平高；二是拥有发达的服务体系，服务业成为主导产业；三是具备连接全球的交通、信息、物流设施体系；四是城市宜居宜游性高；五是思想交流活跃，创新能力强。[2]

国际消费中心城市建设是一项中国城市建设的大考，牵涉到城市发展的众多维度和方方面面。总的来看，目前国际消费中心城市建设主要存在以下认知偏差：刘元春等总结为一是忽略本地本土企业设计、创造和制造全球高质量品牌产品的能力；二是片面认为建设国际消费中心城市只是消费方面的问题，忽略了这是国家层面的历史传统文化、价值观、高度发达现代城市文明、经济发展水平四个方面的综合发展问题；三是认为建设国际消费中心城市，无需遵循从国内区域性消费中心城市到全国性消费中心城市，再到国际

---

［1］ 王微：《从供给侧建设国际消费中心城市》，《经济》2021 年第 9 期。

［2］ 汪婧：《国际消费中心城市：内涵和形成机制》，《经济论坛》2019 年第 5 期。

区域性消费中心城市，继而成为全球性国际消费中心城市的一般发展规律，可以跨越式地一步发展到位。[1]实际上，自商务部等 14 部门印发《关于培育建设国际消费中心城市的指导意见》以来，各地均经历了一段时期的探索，才逐渐找到适合自身城市特色的发展道路。在此基础上，将城市发展、区域建设同国家整体目标紧密相连，取得两个层面的目标一致性成了更大挑战。

（三）国际消费中心城市建设的路径研究

为了明确发展路径，规划国际消费中心城市建设目标，首要是认识到国家发展使命的重要推动。对中国而言，"培育发展国际消费中心"是促进消费升级与创新的新要求，需要积极借鉴国际经验，营造多样化消费融合互动的良好生态，完善高效便捷的消费环境，促进公平竞争和消费者权益保护，实行有利于消费集聚和实现的税收政策。因此要在国家的统筹下，选择合适的特大城市展开试点探索。[2]同时在新冠疫情对世界经济产生了重大冲击的背景下，国际消费中心城市建设对于取得高质量的经济复苏与发展具有重大必要性。相关国际消费中心城市的发展经验表明可以从以下方面入手：以高水平的经济发展为消费提供巨大的交易市场；以产业结构不断优化，为游客提供来自海内外的优质商品及特色服务；以不断加强的国际影响力，吸引自身辐射区域范围之外的游客等。[3]

建设国际消费中心城市，同时也是城市自身向新阶段提升发展的内在需求。国际消费中心是国际化大都市的核心功能之一，具有强大的消费引领和带动作用。中国经济发展步入新常态，处于培育和发展国际消费中心的关键时期，一些消费市场领先的特大型城市，已初步具备了向国际消费中心转型

[1]　刘元春、张杰：《聚焦国际消费中心城市建设》，《前线》2021 年第 5 期。
[2]　刘涛、王微：《国际消费中心形成和发展的经验启示》，《财经智库》2017 年第 4 期。
[3]　彭刚、李超：《推进高质量经济发展　构建高水准国际消费中心城市》，《金融博览》2022 年第 1 期。

的条件和基础，但仍存在亟待解决的问题和障碍：一是商品和服务有效供给不足，大量消费流失境外；二是实现和集聚消费的基础设施存在短板；三是促进消费升级和创新面临体制机制障碍。[1] 城市的问题需要变换发展思路，其中城市的自身特色与经济发展趋势都得到了重视与强调。在发挥城市风格方面，建设国际消费中心城市应纳入国家战略体系并建立消费中心城市梯队，不同城市可根据自身发展及面临的竞争采取不同的具体路径。[2] 在结合经济新增长极方面，周佳认为可以对标国内外消费中心城市，确立中国特色的城市消费文化；以消费促产业和经济转型；利用数字治理优势，进一步提升城市便利性；注重信息传播，加强城市文化个性辐射能力。[3] 当下国际消费中心城市建设必将呈现出越发精彩、百花齐放的格局，各地各城市正在融入国家命运的大框架之中。

（四）国际消费中心城市的实证研究与指标构建

在扎实的理论研究基础上，国内外大量的消费城市建设经验与成功案例提供了实证研究与指标构建的必要基础。目前空间条件、消费环境等因素已得到了较为充分的研究，上海、北京、广州的优势地位得到了充分肯定。

为衡量我国消费中心城市的指标体系，有必要建立实证模型，检验影响消费中心城市发展因素。近期的研究结果显示：现阶段我国消费中心城市在空间上并不协调。消费中心城市指数存在明显的空间集聚特征。区域消费中心城市大多集中在沿海地区，北京、上海及广州是目前我国典型的全国性消费中心城市。人口净流入、产业升级以及金融发展有利于促进消费中心城市的发展，而城乡收入差距的增加则不利于消费中心城市的发展。郭军峰建议根据城市基础、区位和发展前景，针对性地构建消费中心城市，并以城市群

［1］　王青、王微：《加快培育国际消费中心　打造开放新引擎》，《中国经济时报》2017年8月16日。

［2］　黄卫挺：《关于建设若干国际消费中心城市的建议》，《中国经贸导刊》2015年第19期。

［3］　周佳：《国际消费中心城市：构念、规律与对策》，《商业经济研究》2021年第14期。

为基础协同共进，缩小区域间消费基础设施的布局差异。[1]实证的另一个路径是测算我国消费中心城市发展水平，用以验证区域消费中心城市对城市群内部其他城市的消费支点效应。钟诗梦等相关评估结果显示，以地铁经济和数字支付为代表的消费便利性指标是支撑消费中心城市指数增长的主要原因，建议强化区域消费中心城市建设并提高城市群一体化水平。[2]

运用定性比较分析方法，考察 24 个世界一线城市的数据，可以进一步为中国建设国际消费中心城市提供经验借鉴。刘司可等近期研究发现，营商环境是培育国际消费中心城市的必要条件。培育国际消费中心城市主要存在以下三种组合模式：一是高企业入驻和优营商环境组成的商业金融模式，以伦敦、纽约、中国香港等城市为代表；二是高国际来访和优营商环境组成的国际交往模式，以新加坡、迪拜、悉尼等城市为代表；三是高企业入驻、高国际来访、高环境宜居和优营商环境组成的文化宜居模式，以马德里、多伦多、北京等城市为代表。[3]可以看到，这些较为成功的城市发展经验正发挥重要的指导作用，总部经济、免税及退税消费等已成为国内各地各城市国际消费中心城市建设的重头戏。

从指标构建来看，消费中心城市的构建旨在增强消费对经济发展的基础性作用，有利于为经济发展开启新战场、打造新引擎；而通过设立一套客观公正、行之有效的指标体系，能够有序规范城市间竞争，凝聚共识，避免走入死胡同或是走过太多弯路。同时在规范的指标体系框架下，还需要重视各地各城市的特色差异，为独特的人文底蕴和城市风格留出差异化发展空间，这也是近年来规范化的评估体系难以推广的重要原因之一。近年来，除了上

---

[1] 郭军峰：《我国消费中心城市识别、集聚特征与驱动因素——基于空间计量模型的研究》，《商业经济研究》2020 年第 20 期。

[2] 钟诗梦、李平：《我国消费中心城市发展水平测度与消费支点效应——基于区域一体化视角》，《商业经济研究》2021 年第 1 期。

[3] 刘司可、路洪卫、彭玮：《培育国际消费中心城市的路径、模式及启示——基于 24 个世界一线城市的比较分析》，《经济体制改革》2021 年第 5 期。

海已在打造全球新品首发地方面发力，多家专业机构联合构建首发经济活跃指数体系外，不少学者开始根据各城市相关规划的重点和交集进行指标体系的构建。例如魏颖将规模、商圈、品牌、业态和创新这些各大城市普遍重视的项目，作为国际消费中心城市评价指标体系的一级指标，在此基础上，再分设社会消费品零售额总额、旅游业、住宿餐饮业、城市著名商业街租金等次级指标。[1] 该评估结果较为符合国内主要城市的发展现状，较为良好地反映了各地在国际消费中心城市建设方面的潜力，上海、北京和广州具有充足的发展优势。

（五）国内城市的优势比较和发展策略研究

培育建设国际消费中心城市，带动一批大中城市提升国际化水平，加快消费转型升级，是贯彻落实党的十九大精神，推动经济高质量发展和新一轮高水平对外开放的重要举措，对于促进形成强大国内市场、增强消费对经济发展的基础性作用、更好满足人民日益增长的美好生活需要具有重要意义。可以看到，在《关于培育建设国际消费中心城市的指导意见》发布后，全国各地主要城市纷纷积极响应，已经取得了大量建设经验，并对下一步工作的主要发力点有一定共识。

从全国来看，国际消费中心城市已成为各大城市发展的新兴赛道。一方面，对于上海、北京、广州、天津和重庆，首批国际消费中心城市场内选手，竞争日趋激烈，都已得到了大量研究支持。以北京为例，国际消费中心城市是建设推动副中心商业高质量发展的重要支撑，北京城市副中心建设得到重视与强调，可以加快北京城市副中心内贸流动发展，加强统筹商业规划设计建设，落实城市总规划，推进城乡统筹和区域均衡发展，积极申请跨境电子商务实验区。[2] 而天津也面临着收入增长放缓、二元消费结构、消

---

[1] 魏颖：《新时代我国国际消费中心城市建设思考》，《产业创新研究》2020 年第 1 期。
[2] 王洪存：《构建国际消费中心城市　推动北京城市副中心高质量发展》，《时代经贸》2018 年第 19 期。

费引导机制与城市定位不相称、消费商圈文化特色不明显、消费基础设施空间布局不均衡等问题。针对这些问题，天津市应统筹规划一批具有显著标识度的商圈，通过鼓励夜间经济创造更多专题消费卖点、促进地域文化挖掘与"网红打卡地"策划融合、完善消费网络体系，并合理布局"津城＋滨城"的双城商业格局。[1]另一方面，尽管可能没有进入首批国际消费中心城市培育建设名单，其他城市也将国际消费中心城市建设作为提升自身城市商业魅力、激发消费活力的重要抓手。以宁波为例，其于2019年10月就已发布《宁波市建设国际消费城市实施方案》，并以此作为城市科学发展、加快转变经济发展方式的重要手段。从工作发力点来看，宁波瞄准搭建消费平台，通过搭建会展平台、综合性网上消费平台、免税商圈平台、特色街区、城市节庆活动创建消费机会；加强交通网络和消费服务网络的建设，结合消费结构、模式、形态的变化，改善本土的基础设施建设；优化消费环境，加强商品质量监管，优化品牌和信用体系。[2]此外，新兴业态在各地均受到重视，成为国际消费中心城市的亮点。以首店经济为例，其作为新兴商业模式，利用一个区域特有的资源优势，吸引国内外品牌在区域内首次开设门店或推动传统老店创新升级，使品牌价值与区域资源实现最优耦合。当前中国首店经济呈现出四大趋势：一是从上海一枝独秀到全国百花齐放；二是线上线下融合发展；三是跨界新业态层出不穷；四是向首发经济升级。[3]

从上海来看，高起点建设国际消费中心城市，得到了更为具体的研究支持。对于国际化的发展方向和新趋势、新技术等运用已经收获一致共识。梳理上海建设国际消费城市的成效，并比较上海与国际知名消费城市的主要差距，研究表明上海在促进经济发展、消费创新转型、提升国际品牌集聚度、提升消费便利度、优化信用环境等领域已卓有成效，但是外来和

［1］梁爽：《天津建设国际消费中心城市路径研究》，《城市》2021年第2期。
［2］段蓉：《宁波打造国际消费中心试点城市的若干建议》，《经贸实践》2017年第20期。
［3］王艳华：《首店经济：消费中心城市的新风标》，《群众》2021年第6期。

本地消费仍有提升空间，消费引领度仍有短板，消费地标有待打造，消费结构还需优化。对于以上问题，朱春临设计了以下六个方面打响"上海购物"品牌：第一，培育新消费、推动消费全面升级；第二，把握"中国国际进口博览会"重大机遇，为促进进口贸易便利化创新制度和搭建平台；第三，统筹规划布局、优化购物环境；第四，充分利用自贸试验区平台，推进制度创新；第五，强化创新驱动、释放企业活力；第六，促进四大品牌联动、拓展消费产业链。[1]文旅会展也是上海的另一张名片，"双循环"背景下，刘社建提议上海可以积极推进国际旅游都市、国际贸易中心建设与国际消费城市建设联动。[2]同时，随着新消费革命和人工智能、大数据等新技术的应用，消费新业态、新模式日益涌现，国际消费城市面临一系列新趋势。上海近年来主动顺应新趋势，积极探索消费模式和业态创新，首店首发、高端消费、夜间经济在国内均成为标杆性项目，也在国外收获了人气关注，具备国际消费城市建设的良好基础。李锋等认为上海应紧紧围绕"新、潮、拓、畅"四方面打响"上海购物"品牌，加快推进国际消费城市建设。[3]

　　根据学者们的观点，大都市的城市形态从生产导向型向消费导向型转变，而国际消费中心城市进一步吸纳全球市场要素，产品消费和服务消费很发达，满足各类消费者多元化、个性化的消费需求。因此本书将消费边界主要界定为商品消费，同时也涉及一部分服务消费的问题。根据新技术的发展趋势，不仅将边界清晰的线下消费作为研究对象，也把打破行政边界约束的线上消费纳入进来。

---

［1］　朱春临：《上海国际消费城市建设及打响"上海购物"品牌难点研究》，《科学发展》2019 年第 4 期。

［2］　刘社建：《"双循环"背景下上海构建国际消费城市路径探析》，《企业经济》2021 年第 1 期。

［3］　李锋、樊星、王孝钰：《抓住全球最新趋势，打造国际消费城市》，《科学发展》2018 年第 7 期。

三、国外标杆消费城市建设情况

（一）巴黎：时尚之都引领消费潮流

法国巴黎作为世界时尚之都，不仅是时尚产品的设计中心，也是各大品牌展示新品的首选"秀场"。依托购物节、会展等各类时尚活动，巴黎成功打造了诸多时尚"卖点"，吸引了全球消费者的目光，引领着全球时尚的消费潮流。

根据法国贸易展览国际推广处的统计数据，巴黎平均每年举办400多场贸易展览会、1000多场大会以及2300多场不同规模的活动，是欧洲名副其实的"展览中心"。除了数量众多的各类展览活动外，巴黎也是全球最受欢迎的旅游目的地之一。根据法新社统计，2019年巴黎市和巴黎大区共接待游客5000万人次（其中包括约2000万人次的国际游客），共计消费220亿欧元，对消费的贡献力度可见一斑。巴黎市也结合优越的地理区位和丰厚的游客资源，制定了与其城市资源相适应的战略，在传统消费的基础上，拓展出了更多的特色增长点。

为了构建区别于其他国际消费中心城市的特色标签，巴黎市充分利用时尚资源优势，大力推行首店经济，力图通过首店效应有效提升商业吸引力。巴黎市以香榭丽舍大街为中心，结合蒙田大道、奥斯曼大道、圣奥诺雷街等街区形成特色商业圈，利用优质的消费资源，有效吸引了大量世界知名高端、时尚品牌在商圈开设首家实体店，努力地使城市资源与品牌价值有机结合并形成了良性互动。在集聚国际知名品牌首店、打造时尚中心的基础上，巴黎还进一步发展出丰富多彩的时尚文化和节日主题活动，例如将时装周纳入旅游线路链条。这一举措有效强化了巴黎时尚之都的形象，拓展了社交、娱乐等多种功能，达到了吸引游客、增加人气的效果，激发了更多的消费潜力。

除了上述特定策略外，巴黎还努力改善了整体层面的消费硬软件水平，通过提供更优质的消费环境，有效巩固了国际消费中心城市的地位。在硬件方面，巴黎除了进一步升级飞机、火车等远距离交通工具，优化国际机场和公共交通系统外，还推出了共享单车、自动驾驶汽车等更便捷、灵活的交通工具，不断填补交通工具覆盖的空白部分，为消费者提供更高效的出行选择。在软件方面，巴黎的大型购物中心不仅为海外消费者配备了多语种导购，对退税、售后、咨询等配套服务的完善也极大地提升了顾客的购物体验，有效地刺激了消费。

（二）伦敦：文化产业激发消费活力

伦敦作为世界著名的国际消费中心城市之一，除了高端百货商店哈罗德、具有英伦烟火气的诺丁山集市外，以伦敦西区剧场为中心的文化消费构成了它的特色标签。《歌剧魅影》《悲惨世界》等脍炙人口的剧目既是本地人的休闲娱乐方式，也正逐渐成为全球游客的打卡项目，并带动着唱片、纪念品等衍生产品和餐厅、酒吧、出租车等周边行业实现消费增值。

根据伦敦剧院协会的统计数据，2019 年伦敦西区全年演出超过 1.8 万场，观众超过 1500 万人次，平均上座率 81%，票房总收入达 7.9 亿英镑，带动的附加消费总值高达 24 亿英镑。

西区对相关产业消费的有效带动作用与其多元化的产品和细致周到的服务息息相关。在产品方面，伦敦西区包括 49 个由伦敦剧院协会统一管理的剧院，规模从 400 多观众席到 2000 多观众席不等，上演的剧目包括音乐剧、话剧、歌剧、芭蕾舞、木偶剧、现代舞、儿童剧等等，丰富的产品形式为不同年龄和偏好的消费者提供了多样的选择。此外，狭长的定价区间、占比较高的平价票和各类促销活动，不仅满足了不同消费能力的观众，也更好地契合了下沉市场。在服务方面，伦敦剧院协会每两周更新一次《伦敦戏剧指南》，提供西区所有演出作品清单、剧院位置图及交通方式等实用信息。同时，许多剧院在演出时配有手语翻译，这也更好地服务了残障人士。

此外，伦敦的文化产业也紧跟科技发展的脚步，通过积极引入数字技术，提供更优质的消费体验。在疫情防控期间，国家画廊等场所开设了虚拟现实通道，观众可以通过浏览官网欣赏到清晰度极高的画作和展览品。此举有效地宣传了伦敦的文化产业、强化了伦敦的文化消费标签，通过优质的形象，成功激发大量潜在消费者的兴趣。

（三）迪拜：高奢享受吸引世界目光

阿联酋迪拜位于欧亚非的交会点，自古就是连接三大洲的商贸中心之一。20 世纪 80 年代起，迪拜以建设国际旅游目的地为核心，在硬件设施上投入大量资金，兴建了众多豪华的机场、酒店、商场、娱乐场所，逐渐成为以全球高奢旅游消费为特色的国际消费中心城市。

根据官方统计，迪拜 2019 年共接待国际游客 1619.76 万人次，带来的收入达 321.08 亿美元。同时，2019 年迪拜免税店全年交易总量为 2428.4 万笔，商品销售额高达 20.15 亿美元，约占全球机场免税店市场的 7%。可以看出，国际游客极大地拉高了迪拜的消费，为迪拜成为国际消费中心城市做出突出贡献。

在打造高奢国际旅游形象的过程中，迪拜采取了大胆的创新营销理念，并获得了良好的效果。迪拜先后建造了世界第一高楼哈利法塔、最大人工岛棕榈岛、全球首家七星级酒店帆船酒店等一批"世界之最"，成功地将高级、奢华的形象以便于理解和宣传的方式固定成标签。同时，迪拜还积极邀请外国影视剧组前去取景拍摄，通过文化渠道使城市形象深入人心。此外，迪拜经常以城市的名义举办各类大型体育赛事，这不仅提高了城市的知名度和影响力，也为城市创造了可观的相关消费和经济效益。

此外，迪拜还通过周到完善的服务，进一步营造优质的国际旅游城市环境，努力提升城市的软实力水平。针对国际游客的体验感，迪拜对许多国家的游客提供免签、落地签、中转免签等服务，简化繁琐的出行手续，鼓励游客前往迪拜游览。此外，迪拜在各景区都设立了多语种指示牌和介绍材料，并配备了具有多语种沟通能力的工作人员，这为大量不熟悉阿拉伯语的游客提供了极大的便利。此外，迪拜的许多商场都设有银行、电信运营商甚至移民局的办事柜台，国际游客可以在休闲购物的同时办理外币兑换、开通手机卡、延长签证等业务。这些以国际游客可能产生的实际需求为导向而开展的各类服务，充分体现了迪拜打造以高奢旅游为核心内容的国际消费中心城市目标，同时也构成了迪拜独特的竞争优势。

四、国内先行示范区的早期探索

除了上海较早开展国际消费中心城市探索外，深圳罗湖区、成都、武汉也进行了先期探索。他山之石可以攻玉，早期的探索留给我们的经验和启示尤为珍贵。

作为深圳经济特区最早开发的城区，罗湖区的消费服务业较为发达，新兴消费蓬勃发展，具备建设国际消费中心改革创新示范区的基础和有利条件：一是深圳与香港毗邻，区位优势明显，吸引不少年轻外来消费群体；二是深圳依山傍海，自然资源丰富，为城市发展提供有力支撑；三是消费服务业较为发达，黄金珠宝产业聚集、医疗美容行业发达，商业、旅游等发展实力领先全市。罗湖在建设国际消费中心改革创新示范区进程中也存在一些问题：一是空间资源不足的问题日益突出，由于土地资源不足，难以在短期有效满足国际消费中心主导产业和市场主体快速发展的空间需求；二是中高端和国际化消费的吸引力不强，"全球跨境零售商吸引力指数"和奢侈品牌的城市拥有率都与北京、上海存在明显差距；三是城市运作模式有待提升，市场主导的更新项目可能忽视长期社会综合效益，开发强度不断推高，导致城市不堪重负。

成都消费市场规模居于全国前列，经济腹地广阔，消费市场增长较快。成都对全球消费资源聚集能力较强，国际一线奢侈品牌的旗舰店数量达到19家，一些国际高端品牌还将成都作为其在中国地区乃至亚太地区的总部。成都独特的消费文化对国内外消费客流集聚能力较强。成都建设国际消费中心城市也存在一些问题和不足：一是本土优质品牌较少，在质量、品牌、设计等方面还需要加快向产业链中高端升级；二是消费环境的硬件建设存在短板，交通网络仍需完善，商贸、旅游等消费领域的基础设施配套相对薄弱。

武汉建设国际消费中心城市，首先有着地理区位优越的条件，武汉是全国国土空间的经济地理中心，在构建畅通两个循环、辐射带动区域发展方面的优势突出；其次武汉以餐饮为代表的传统优势产业特色鲜明，旅游资源丰富，教育资源丰富，文教产业创新热点频出。但同时武汉建设国际消费中心城市也存在一些问题和不足：一是产业转型升级难；二是企业规模分布不合理，龙头领军企业稀缺；三是企业的行业分布欠佳，产业结构性"短板"明显；四是自主创新投入不够，创新环境有待改善；五是城市群联动不足。

第二节 首批五个试点城市的建设背景和推进进展

国际消费中心是现代国际化大都市的核心功能之一，是全球消费资源的集聚地，是一国乃至全球消费市场的制高点，是国际消费发展的风向标，普遍呈现国际知名、城市繁荣、商业活跃、到达便利、消费舒适、区位优越等特征，具备丰富多元的消费供给、宜人便捷的消费环境、完善有序的消费制度、领先的经济文化地位等关键要素。

具体来看，我国经济社会发展正处于结构调整、动力转换的关键时期，培育和建设国际消费中心城市，是进一步扩大和提升消费、加快形成消费引领发展新格局的重要途径。在体系化的政策引领与支持下，国际消费中心城市必将能够不断提升我国城市在全球消费的吸聚带动能力、资源配置能力和创新引领能力。

一、新发展格局促消费扩内需作用凸显
构建以国内大循环为主体、国内国际双循环相互促进的新发展格局，是

以习近平同志为核心的党中央，根据我国新发展阶段、新历史任务、新环境条件做出的重大战略决策。改革开放以来，我国积极融入经济全球化，通过外向型经济战略推动我国经济快速增长。然而，随着国际形势的变化，金融危机以及新冠肺炎疫情等重大事件，严重挫伤了全球化进程，全球产业链、供应链面临重大冲击；从国内环境来看，我国由高速增长进入高质量发展的新阶段，强调高质量发展需要更加注重发展的质量和效率，增强经济发展的自主性和韧性。在推动产业结构升级和价值链提升的同时，需要强化内需对经济发展的推动作用。"十三五"时期，消费连续多年成为拉动我国经济增长的重要引擎和"压舱石"。随着我国居民收入和消费支出的稳步增长，消费升级态势明显，新型消费和时尚消费发展态势愈发强劲，追求产品质量和品种多元化的需求重新定义了国内消费市场。国际消费中心城市作为消费资源的集聚地，也将成为一国乃至全球消费市场的制高点，进一步发挥其消费引领和带动作用，将有利于扩大内需、推动经济高质量发展、构建新发展格局。

二、体系化政策引领与支持已经形成

"国际消费中心城市"的概念由提出到落地，经历了不断细化、逐渐立体的过程。《国民经济和社会发展第十三个五年规划纲要》中就已提出"以重要旅游目的地城市为依托，优化免税店布局，培育发展国际消费中心"。2016 年，国务院办公厅发布的《关于进一步扩大旅游文化体育健康养老教育培训等领域消费的意见》提出，"发挥品牌消费集聚区的引导作用，扩大品牌商品消费。积极培育国际消费中心城市"。2019 年初，商务部提出开展"国际消费中心城市建设试点"，在国家部委层面提出"消费城市"的战略定位和发展。随后各城市纷纷迅速响应，展开对"国际消费中心城市"的尝试与探索，全国多所城市先后出台专门的政策规划。当年 10 月，商务部等 14 部门联合印发《关于培育建设国际消费中心城市的指导意见》，指出"培育建设国际消费中心城市，带动一批大中城市提升国际化水平，加快消费转型升级，是推动经济高质量发展和新一轮高水平对外开放的重要举措，对于促进形成强大国内市场、增强消费对经济发展的基础性作用、更好满足人民日益增长的美好生活需要具有重要意义"。此外，《中共中央国务院关于完善促进消费体制机制进一步激发居民消费潜力的若干意见》以及《国务院办公厅关于加快发展流通促进商业消费的意见》等文件，均强调了培育建设国际消费中心城市的重点任务。中国经济从高速增长向高质量发展转型，建设国际消费中心城市，将有效推动所在城市及周边地区经济发展。

三、中国力量为世界经济带来新动能

国际消费中心城市不仅是畅通国内大循环的重要载体，同时也是对接全球消费市场、吸引全球消费者的重要枢纽和平台。面对新冠肺炎疫情的巨大冲击和复杂严峻的国际环境，中国始终坚持科学统筹疫情防控和经济社会发展，有效推动了生产生活秩序恢复，经济保持稳定恢复，成为2020年全球唯一实现经济正增长的主要经济体，持续为世界经济的健康运行贡献力量。建设国际消费中心城市，既给中国经济发展注入全新动力，彰显中国力量，也为疫情下的世界经济复苏带来更多新机遇。国际消费中心城市的重点任务包括构建全球多元融合的消费资源聚集地、完善自由便利的国际消费政策制度体系等，通过增强全球著名消费品牌集聚度，更好满足国内外消费者对国际化、高品质、时尚性、便捷性的需求，同时也为更多优质市场主体深度整合全球优质资源。在中国城市发展水平达到新高度之际，建设能以全球最高标准评断的消费市场，将极大提高文化软实力，进一步推动高水平开放、促进内外需协调发展、畅通国内国际双循环。

四、五个试点城市发力建设出实招

（一）上海：打造全球新品首发地、全球消费目的地

上海在建设国际消费中心城市的过程中，坚持政府引导、市场主导、突

出特色、创新融合、科学布局、区域联动的基本原则，聚焦"国际"紧扣"消费"突出"中心"，力求进一步提升供给质量、打造消费地标、强化枢纽功能、优化消费环境、吸引高端消费回流，以全面提升上海的国际知名度、消费繁荣度、商业活跃度、到达便利度和政策引领度，打造全球新品首发地、全球消费目的地，全面打响"上海购物"品牌，力争率先基本建成具有全球影响力、竞争力和美誉度的国际消费中心城市，进一步增强消费在上海构建国内大循环中心节点、国内国际双循环战略链接中的基础性支撑作用，为全面提升上海城市能级与核心竞争力作出更大贡献。从具体任务来看：

第一，上海致力于构建融合全球消费资源的聚集地，主要途径包括放大中国国际进口博览会溢出效应、打造全球消费品集散中心；加快推进浦东"全球消费品牌集聚计划"，建设浦东国际消费中心；利用各大重要平台，推动国际知名高端品牌和新兴时尚品牌集聚；打造外贸企业自有品牌，扩大"同线同标同质"实施范围，打响本土制造消费品品牌；发展零售自有品牌，打造示范项目，提升自有品牌产品品质；深化老字号"一品一策一方案"，支持发布"国潮新品"，重振老字号品牌。

第二，上海提出推动多领域服务消费的提质扩容，主要措施包括深入推进食品安全示范城市建设，打造具有全球吸引力的国际美食之都；加快推进文旅体场馆智能化升级，打造一批具有国际影响力的文化设施集聚区，扩大文旅休闲消费；打造多层次健身休闲消费场景，扩大优质全民体育赛事供给，优化观赛配套服务，促进丰富体育消费；打造健康产业集聚区和一批有国际竞争力的健康服务项目，发展提升健康养老消费。

第三，上海力争打造引领全球消费潮流的新高地，主要措施包括深化"上海全球新品首发地示范区"建设，支持各区研究制定促进首发经济发展政策措施，打造全球新品首发地；打造商业数字化转型示范区，加快商业数字化转型；拓展5G应用领域，培育信息消费新产品、新模式、新业态，创新升级信息消费；加快"1＋15＋X"夜间经济整体布局，发展滨江夜间经济活力带和都市夜间经济核心活力圈，点亮城市夜间经济。

第四，上海着力建设具有全球影响力的标志性商圈，主要措施包括关注南京东路、南京西路、小陆家嘴、淮海中路—新天地、豫园、徐家汇、北外滩等商圈，提升世界级商业圈业态和功能；培育特色商业街区，形成一批集成展示、弘扬推广中国制造、中国服务的国潮品牌特色街；加快建设嘉定、松江、青浦、奉贤、南汇综合性新城商业中心，集聚优质消费资源，推动消费融合创新，打造层次分明、布局合理、功能完备、业态先进、错位发展的"五个新城"商业地标；打造类型全、能级高的公共服务设施集群，优化社区商业丰富度、便捷性和安全性，加快发展品牌连锁便利店，提升社区生活圈能级和水平。

第五，上海积极营造具有全球吸引力的消费环境，主要措施包括构建多层次、通勤式、快速化和经济舒适的轨道交通网络，完善综合交通物流体系；大力推广节能环保低碳产品，全面推行绿色产品政府采购制度，倡导绿色低碳消费；以城市更新促进功能更新，挖掘中央活动区集聚的城市历史文化价值，增加更多特色产业功能，优化城市商业空间；支持金融机构加强对商圈消费、假日消费、夜间经济等新型消费场景的金融服务，优化消费市场环境；深化内贸流通领域标准化建设，加强对直播电商等新型消费业态规范和标准的研究制定，完善消费领域标准体系。

第六，上海力求不断完善国际消费政策和制度体系，主要措施包括支持本市企业申请免税经营资质，鼓励免税店设立国产商品销售专区，大力发展免税及退税经济；建设面向团队的入境签证互联网申报平台，增强外籍人士消费便利性；推进"证照分离"改革全覆盖，优化市场准入监管体系。

第七，上海积极构建区域协同产业联动新格局，主要措施包括深化长三角消费品制造业和终端消费市场联动发展，为本土品牌孵化提供产业腹地支持，加强国内大市场联动；针对"上海服务""上海制造""上海购物""上海文化"这"四大品牌"进行融合互动，放大消费促进的规模效应和整体优势。

（二）北京：突出大国首都功能，打造一批具有国际影响力的消费地标

北京已发布《北京培育建设国际消费中心城市实施方案（2021—2025年）》，在培育国际消费中心城市的过程中，坚持市场主导与政府引导相结合、国内消费与国际消费统筹发展、传统消费与新型消费协同促进、消费供给与消费需求两端发力、品质提升与规模发展齐头并进，力争在国际知名度、消费繁荣度、商业活跃度、到达便利度、消费舒适度、政策引领度等方面显著提升，建成彰显时尚的购物之城、荟萃全球风味的美食之都、传统文明和现代文明交相辉映的全球旅游目的地、引领创新生态的数字消费和新型消费标杆城市，形成具有全球竞争力的体育、教育、医疗、会展等一系列"城市名片"，成为国内大循环的核心节点和国内国际双循环的关键枢纽。从具体任务来看：

第一，北京开展消费新地标打造行动，主要措施包括依托故宫—王府井—隆福寺"文化金三角"，加快推进街区数字化、智能化改造升级，打造彰显文化时尚魅力的消费地标；积极引进国内外高端品牌首发首秀，开发特色夜间演艺活动，提升中心城区消费集群国际竞争力；打造要素聚集的高端商务区，以财富管理、金融科技为重点，建设城市副中心新型消费圈；按照站城一体化模式，推进怀柔南站、未来科学城南区站、平谷站等一批轨道微中心建设，打造集购物、商务、公共服务、文化娱乐于一体的消费链，布局"多点一区"消费新载体；利用北京首都国际机场、天竺综合保税区等资源，加强免税店、跨境电商体验店等商业布局，建设空港型国际消费"双枢纽"；扩大传统商场"一店一策"改造升级试点范围，加快推进商务领域城市更新；建立"以周边支撑中心、以中心带动周边"的区域联动机制，打造京津冀城市群消费联合体。

第二，北京开展消费品牌矩阵培育行动，主要措施包括加快推动知识产权保护与促进条例出台，强化对品牌商标权和商品专利权的保护，以吸引国内外一线品牌总部机构在京落地，集聚优质品牌首店首发；擦亮老字号金字招牌，推动老字号守正创新发展；培育孵化新消费品牌，建立较为完善的新消费品牌孵化体系，聚焦新业态、新模式、新服务，培育一批具有核心竞争力的新消费品牌企业；坚持中西合璧、南北交融，吸引国内外知名餐饮品牌在京落户，荟萃全球餐饮品牌；建设"中国影都""电竞北京""设计名城""北京消费季"品牌，打造时尚品牌活动风向标；引导绿色消费理念，加快绿色消费城市建设。

第三，北京开展数字消费创新引领行动，主要措施包括加快千兆固网和5G网络建设，布局数字消费新基建；在重点商圈试点建设智慧商店、智慧街区、智慧商圈，加大 AR 虚拟试穿、VR 虚拟购物等体验式消费场景应用，推广数字消费新场景；加大智能终端产品供给，支持智能家居、智能网联汽车等新型产品研发应用，丰富数字消费产品新供给；持续推进数字经济和实体经济深度融合，培育数字消费新生态。

第四，北京开展文旅消费潜力释放行动，主要措施包括推动历史文化名城建设，挖掘文化资源优势；丰富大运河文化带、长城文化带、西山永定河文化带旅游消费主题功能，设计开发精品旅游线路；深入挖掘北京世界文化遗产、非物质文化遗产、中轴线文化遗产等优势资源，开展"非遗 + 旅游""非遗 + 互联网""非遗 + 文创"，打造重磅文旅消费产品。

第五，北京开展体育消费质量提升行动，主要措施包括打造"中网""北马"城市名片，培育全球顶级赛事活动；积极推广冰雪消费，大力普及群众性冰雪运动，打造冰雪项目消费目的地；优化体育场馆设施布局，形成六大场地场馆群，丰富体育消费供给。

第六，北京开展教育医疗消费能级提升行动，主要措施包括优化留学教育环境，打造全球主要留学中心和世界杰出青年向往的留学目的地，做强"留学北京"品牌；优化国际学校布局，提升国际学校服务能力；重点区域规划建设国际医院，提升国际医疗服务水平；整合全市优质中医药医疗资源，搭建中医药国际医疗服务平台，开发中医药康养特色旅游资源；提升居家养老、社区医养结合服务的能力，扩大老年康养消费供给。

第七，北京开展会展消费扩容提质行动，主要措施包括推进新国展二、三期和大兴国际机场临空经济区国际会展中心等重点会展场馆及配套设施建设，加快补齐设施短板；发挥第三方专业机构作用，提高市场化水平，提升品牌展会的辐射带动效应。

第八，北京开展现代流通体系优化升级行动，主要措施包括加快推动商贸物流设施落地，完善流通基础设施；推动《北京物流专项规划》加快落地，加快完善生活必需品流通领域"物流基地＋物流中心（配送中心）＋末端配送网点"物流网络，优化流通网络布局；积极争取国家免税店创新政策在京先行先试，创新流通发展方式；构建畅通的国际商品采购渠道，提升流通配置服务能力。

第九，北京开展消费环境新高地创建活动，主要措施包括推进北京效率、北京服务、北京标准和北京诚信"四大示范工程"迭代升级，营造国内一流的政策环境；积极推动机场、铁路、公交的建设，打造配套完善的服务环境；大力推进信用环境建设，打造诚信创新的监管环境。

（三）广州：打造"广聚天下客、广卖天下货、广货卖天下"的国际消费高地

广州已发布《广州市建设国际消费中心城市实施方案（2020—2022年）》《广州市加快培育建设国际消费中心城市实施方案》等政策文件，在加快培育建设国际消费中心城市的过程中，坚持政府引导、市场运作、科学规划、世界一流、湾区联动、协同共建、创新引领、供需互促等基本原则，锚定"国际"重要方向、"消费"核心功能、"中心"关键定位，大力实施尚品、提质、强能、通达、美誉"五大工程"，统筹用好国际国内两个市场、两种资源，着力提升供给的创新性、丰富性、适配性，将广州打造成汇聚全球消费资源的现代商都、创新消费供给的智造名城、引领消费升级的时尚之都、满足多元需求的服务高地、畅通内外市场的门户枢纽，并携手港澳全面增强对全球消费的集聚辐射力、资源配置力、创新引领力，大力提升广州国际知名度、通达便利度、政策引领度，增强消费繁荣度、商业活跃度，加快建成国际消费中心城市。从具体任务来看：

第一，广州实施"尚品"工程，力求以创新驱动、高质量供给引领和创造新需求，加快制造业向高品质、品牌化、定制化、国际化转型，着力培育一批具有全球影响力、彰显城市魅力的名品名牌，吸引全球高端消费资源集聚，引领世界消费新潮流，构建全球消费资源集聚地，主要措施包括提升制造业品牌价值、拓展定制消费新领域、广聚国际高端消费资源、推动农产品双向流通。

第二，广州实施"提质"工程，通过加快数字赋能，推动消费载体、供给渠道、业态结构提档升级，大力培育建设名圈、名街、名场、名店，擦亮"买在广州"品牌，打造全球消费潮流新高地，主要措施包括建设国际知名商圈、提升拓展都市特色商圈、发展国际化新型社区商业、提升商品市场能级、做强电商之都、培育新消费新场景。

第三，广州实施"强能"工程，通过促进文商旅体娱深度融合，大力发展文化娱乐、休闲旅游、康养、会展、美食、美容、运动等服务消费，提升"乐玩广州""食在广州""美在花城"的全球知名度，建设多元融合服务消费引领区，主要措施包括提升城市文化消费品质、打造世界旅游消费目的地、建设国际康养高地、打造全球会展之都、建设世界美食之都、建设世界体育名城。

第四，广州实施"通达"工程，将建设国际综合交通枢纽作为消费发展的基础性工程，力求高标准建成畅通全市、贯通全省、联通全国、融通全球的现代化交通网络，完善现代流通体系，打造全球重要交通枢纽和国际物流中心，主要措施包括建设国际综合交通枢纽、构建国内直达交通网络、提升城市公共交通便利度、完善现代物流供应链体系。

第五，广州实施"美誉"工程，通过安心消费、舒心消费，增强消费便利性及安全性，提升各类消费主体和客群的体验感，提升广州消费国际知名度和美誉度，营造具有全球吸引力的消费环境，主要措施包括提升城市环境品质、完善相关标准体系、优化消费市场监管、打造重大国际消费平台。

第六，广州关注于构建共建共享体系，通过抢抓粤港澳大湾区建设、共建"一带一路"、RCEP 机制等重大机遇，深化穗港澳合作，强化广深"双城"联动、广佛"极点"带动，推动与横琴、前海两个合作区战略互动，聚集整合区域消费资源，促进优势互补，形成区域消费联动发展新格局，主要措施包括共建共享现代产业体系、国际消费枢纽、优质生活圈。

第七，广州立足于完善政策制度体系，通过对接国际通行规则，构建适应国际消费中心城市发展要求的制度体系和高度国际化、快捷化、舒适化的国际消费格局，主要措施包括建立与国际接轨的市场机制、优化商品进出口服务、加大项目落地支持力度、便利人员跨境消费、强化相关人才支撑。

（四）天津：打造面向东北亚、辐射俄罗斯和中东欧的特色型国际消费中心城市

天津已发布《天津市培育建设国际消费中心城市实施方案（2021—2025 年）》，在培育建设国际消费中心城市的过程中，坚持统筹推进、重点突破、政府引导、市场运作、传承发展、创新引领、对标先进、循序渐进，把握"国际是方向""消费是核心""中心是关键"，提升天津的国际知名度、消费繁荣度、商业活跃度、到达便利度、政策引领度，彰显"津城""滨城"国际消费核心承载区"双核"形态，全力使天津成为具有高知名度和美誉度的国际消费目的地、全球消费资源聚集地、全国消费者向往地。从具体任务来看：

第一，天津致力于打造消费地标，主要包括打造"一带九轴九商圈"、金街步行街地标商圈、老城厢—古文化街地标商圈等国际消费核心承载区；打造"滨城"亲海、文娱商旅融合发展示范区、名品消费、赛车文化、创意设计等主题鲜明的消费目的地；打造海河亲水、"洋楼"文化、津味美食等独具魅力的消费名片。

第二，天津聚焦消费国际化，主要方式包括建设全球商品贸易港，做强跨境电商规模，打造"买全球""卖全球"高地；促进名品名店进津发展首店经济，设立旗舰店、概念店、体验店、融合店，提升国际品牌聚集度；依法依规放宽外商投资健康医疗、教育文化、休闲娱乐等领域相关限制，加强绿色消费、健康消费、文化消费等方面对外合作交流，广纳服务消费优质资源；打造制造业消费品拳头产品，擦亮"津农精品""天津礼物"品牌，培育面向全球本土品牌。

第三，天津力求打造引领消费新高地，主要措施包括吸引设计师品牌、定制品牌在津聚集，引育具有国内外影响力的电影节、服装节、动漫节等文化展演活动，发展时尚消费；打造"近代百年看天津"、大运河国家文化公园等，扩容旅游消费；发展动漫游戏、数字艺术等新型文化消费业态，建设文化休闲街区、艺术街区等多业态消费集聚区，拓展文化消费；打造大型体育综合体、建设排球之城、大力发展冰雪运动，扩大体育消费；发展"银发经济"，打造健康产业创新区和健康生活先行区，促进康养消费；建设北方国际会展中心城市，做强会展消费；发展新兴数字产业，加大新一代信息技术投入，打造电商小镇、直播基地等，提升数字消费；完善夜间经济布局，打响"夜游海河""夜赏津曲"等"夜津城"品牌，提质夜间消费；发展沉浸式、体验式、参与式消费业态，打造"海河国际消费季"促消费品牌，丰富消费场景。

第四，天津关注于提升国际消费环境，主要路径包括健全消费维权机制、投诉快速反应及处理反馈机制，营造诚实守信、服务至上、放心满意的消费环境，提升消费满意度；打响"诚信天津"品牌，推动社会信用体系建设，提升城市文明度；持续打造"轨道上的京津冀"，构筑城乡快速交通网络，提升通达便利度；建设"一环十一园"城市公园，增加24小时便利店、书店、药店供给，提升消费舒适度。

第五，天津面向国际，提出构建国际消费自由便利制度环境的目标，主要措施包括建立多语种服务体系，提升入境消费便利度；重点商圈、旅游景区布局退税商店，建立保税商品展销中心，发展免退税购物；优化审批程序，改进消费新业态新模式监管方式，推行审慎包容监管。

第六，天津努力构建区域消费联动发展新格局，主要方式包括构建面向全球、便捷高效的集装箱运输网络，实施重点商品进口促进计划，提升口岸服务辐射功能；打造京津冀1小时鲜活农产品冷链物流圈，推动构建区域旅游大市场，构建区域消费市场共同体。

（五）重庆：打造富有巴渝特色、辐射西部地区、面向东南亚、南亚的特色型国际消费中心城市

重庆已发布《重庆市培育建设国际消费中心城市实施方案》，在建设国际消费中心城市的过程中，坚持政府引导、市场运作、规划先行、科学推进、对标国际、彰显特色、创新驱动、联动发展等原则，统筹推进国际购物名城、国际美食名城、国际会展名城、国际旅游名城、国际文化名城建设，全面提升国际知名度、消费繁荣度、商业活跃度、到达便利度、政策引领度，不断增强重庆在全球消费市场的吸聚带动能力、资源配置能力、创新引领能力、品质支撑能力，加快建成富有巴渝特色、彰显中国风范、引领国际时尚、辐射西部、面向全球的国际消费中心城市。从具体任务来看：

第一，重庆开展了国际消费载体提质工程，结合城市提升和城市更新，加快建设国际消费重要承载区，着力构建品质高端、功能完善、布局合理、特色彰显的国际消费空间版图，不断增强对国际国内消费人群的吸引力，主要措施包括提能打造中央商务区、加宽建设寸滩国际新城、优化提升国际消费标志性商圈、融合拓展国际消费体验新场景、提档升级国际消费特色名街古镇名区。

第二，重庆开展了国际消费资源集聚工程，通过瞄准全球优质商品和服务，加快集聚优质市场主体、国际知名消费品牌，强化"买全国、卖全国、买全球、卖全球"的商业贸易功能，打造消费资源全球配置枢纽，构建全球多元融合的消费资源聚集地，主要措施包括打造全球优质市场主体集聚地、培育国际知名品牌优选地、建设国际优质服务引领地。

第三，重庆开展了渝货精品培育壮大工程，通过发展根植重庆、服务全国、面向全球的民族品牌，实施增品种、提品质、创品牌的"三品"战略，力争培育一批富有巴渝特色的"渝货精品"，推动"重庆产品"向"重庆名品""世界名品"转变，提高重庆品牌国际知名度，主要措施包括振兴巴渝老字号、挖掘文创创新内涵、彰显"重庆造"影响力。

第四，重庆开展特色服务品牌塑造工程，紧跟国际消费新趋势，植入重庆历史文化、民俗风情、生态美景等特色元素，加快商文旅体消费扩容提质、深度融合，推动重庆向服务消费高地迈进，主要措施包括做靓"不夜重庆"城市名片、建设世界知名旅游目的地、打造世界美食之都、建设国际生态康养胜地、打造户外运动首选目的地、建设西部文化消费高地。

第五，重庆推动数字消费融合创新工程，通过抢抓大数据智能化创新驱动消费升级机遇，积极引导和推动互联网、大数据、区块链等现代信息技术在不同消费场景和细分消费领域应用，促进线上线下消费高效融合，大力发展数字消费新业态、新平台、新渠道、新模式，进一步丰富数字消费服务业态，带动消费迭代升级，主要措施包括推动实物消费数字化转型、服务消费数字化提升、消费平台数字化赋能。

第六，重庆开展国际展会赛事提能工程，通过加快推动展会赛事国际化、特色化发展，提升会展经济能级，培育会展消费新场景，引领消费时尚潮流，拓展具有国际影响力的综合性消费增长新空间，主要措施包括提升国际会展层级、承办大型国际赛事、丰富重要节庆活动。

第七，重庆开展国际通道能级提升工程，积极融入共建"一带一路"，用好中新（重庆）战略性互联互通示范项目、中国（重庆）自由贸易试验区等开放平台，推动高水平开放，做好通道带物流、物流带经贸、经贸带产业文章，提升全球消费品中转集疏水平，主要措施包括提升国际通道运营效率、加强国际物流平台建设、打造跨境电商综合基地、完善国际供应链网络。

第八，重庆加强国际国内交流合作工程，通过深化国际城市交流和区域合作，聚集整合区域消费资源，形成共建共享国际消费中心城市的培育建设模式，推动形成区域消费联动发展新格局，主要措施包括加快建设中西部国际交往中心、共建富有巴蜀特色的国际消费目的地、深化区域合作交流。

第九，重庆开展国际消费环境优化工程，通过完善国际消费配套设施，健全消费服务标准和规范，优化消费服务体验，提高国际消费环境安全度、经营者诚信度和消费者满意度，打造国际消费环境标杆城市，主要措施包括提升消费监管服务水平、构建便捷综合交通网络、塑造宜居宜业宜游城市形态、打造舒适便利社区商圈。

第十，重庆推动消费促进机制强化工程，利用中新（重庆）战略性互联互通示范项目、中国（重庆）自由贸易试验区、服务业扩大开放综合试点等政策红利，探索构建国际消费促进制度体系，为挖掘消费潜力、增强消费动力、释放消费活力提供坚实支撑，主要措施包括优化扩大开放政策、加大财税金融支持力度、落实土地政策支持措施、强化高端服务人才支撑、优化国际营商环境、加强全球营销推广。

（六）国际消费中心城市建设举措比较

总体来看，五大首批国际消费中心城市在政策指引方向上存在着许多共通点，但在具体实施细节上又结合了自身区位优势，颇具地方特色。

第一，五大城市都注重解决消费空间问题，致力于通过特色商业街区的培育、特色商业地标的打造、商圈业态和功能的提升等途径，打造"国际消费目的地"。五大城市在指导方案中均重点提到了"商圈""街区""地标"这三个关键词，对消费目的地提出了更新的方案。除了点位增加、面积扩大等

图 1-1　首批国际消费中心城市建设关键词

共通方向外，各城市也强调结合自身的底蕴和特色。举例来看，北京充分利用传统文化，建设王府井商圈、前门大栅栏商圈；而重庆和天津作为港口城市，选择围绕"水"做文章，重庆提出"邮轮经济"，力求带动"船、港、城、游、购、娱"一体化发展，天津则提出"水路互动"，围绕亲水旅游、亲海休闲、海上观光等海洋主题拓展文旅消费题材。此外，在消费空间的拓展上，五大城市均明确提出了发展"夜经济"的方向：北京要将五棵松打造成夜间消费集聚区，上海要大力发展滨江夜间经济活力带和都市夜间经济核心活力圈，广州要创新和丰富"Young 城 Yeah 市"等夜间消费品牌，天津要建设意风区夜间消费地标，重庆要将观音桥商圈打造成引领夜间经济的世界知名商圈。

第二，五大城市都关注消费内容，力求通过集聚国内外一流品牌，构建消费资源。各城市根据自身的实力基础，提出了梯度的方案。以上海和重庆为例，在国际品牌上，上海以集聚更多高端的国际品牌为目标，大力支持品牌的首发、首秀、首展，希望成为国际品牌进入中国的第一站；而重庆则通过培育国际知名品牌优选地的方式吸引全球性、全国性和区域性的首店、首发落地，并差异化地提出了对研发中心、采购结算中心、仓储物流中心等功能总部的支持。在国内品牌上，上海主要通过扩大本土制造消费品牌的影响力、提升零售自有品牌的品质和形象、打造国潮新品首发地和新国货聚集地三种方式进行扶持；而重庆则将重心落在"渝货精品培育壮大工程"，力求通过增品种、提品质、创品牌三个战略方向，推动重庆产品向重庆名品、世界名牌转变。

第三，五大城市都十分关注线上消费，并积极布局数字化改造，主要发展方向包括产品的数字化转型、服务的数字化提升、平台的数字化赋能、场景和基建的数字化改造等。其中，上海和广州均拥有较高的基础水平，在政策思路上也较为接近，均提出集聚一批引领行业发展的直播电商平台、培育一批具有国际影响力的直播活动，鼓励品牌设立"直播旗舰店"，打造一批直播电商基地，吸引一批具有跨境电商服务能力的 MCN 机构。北京则更关注老品牌，鼓励老字号触网并开展直播销售，发展美食直播、智慧餐厅、云厨房等"餐饮＋互联网"新模式。天津和重庆的政策也较为类似，两个城市都提出了打造电商小镇、直播基地、智慧商圈的目标，并力求积极稳妥地发展直播电商、社交电商等新业态。

第四，五大城市都提出了服务消费的提质扩容，力求结合城市特色和优势，从美食、文化、体育、康养、会展等方面多维度地增加消费。举例来看，北京和天津抓住 2022 冬奥会契机，大力打造全球顶级赛事聚集地和冰雪项目消费目的地，同时积极发展体育赛事 IP，通过实施补贴奖励政策，引导社会力量参与促进体育消费。对于重庆，由于火锅已成为其流行全球的代表性美食，因此重庆将世界美食之都作为自己的目标，提出推动"重庆火锅"申报非物质文化遗产、升级重庆火锅文化博物馆、开展火锅文化交流活动等，力争打响中国火锅之都品牌。

我们将五大国际消费中心城市与之前述及的国外著名国际消费中心城市进行了建设举措的比较，如下表：

表 1-1 各国际消费中心城市建设举措的比较

相关举措	上海	北京	广州	天津	重庆	巴黎	伦敦	纽约	东京	迪拜
打造全球消费品集散中心	√		√		√					√
建设国际消费中心	√	√	√	√	√	√	√	√	√	√
加快建设新城	√				√					
集聚国际品牌	√	√	√	√	√	√	√	√	√	√
打造全球新品首发地	√	√	√	√		√	√	√	√	√
发展本土品牌	√	√	√	√						
重振老字号品牌	√	√	√	√						
建设国际性商圈	√	√	√	√	√	√	√	√	√	√
打造商业地标	√	√	√	√	√	√	√	√	√	√
发展夜间经济	√	√	√	√	√	√	√	√	√	
打造国际美食之都	√	√	√	√	√					
扩大文旅休闲消费	√	√	√	√	√	√	√	√	√	√
挖掘文化资源优势		√	√		√	√	√		√	
促进体育消费	√	√	√	√				√	√	√
发展康养消费	√	√	√	√						
发展留学消费		√	√				√	√	√	
提质会展消费		√	√	√	√	√		√	√	√
提倡绿色低碳消费	√	√	√	√						
丰富重要节庆活动					√	√	√	√	√	
发展免退税经济	√	√	√	√		√		√	√	√
增加外籍人士消费便利性	√		√	√		√	√	√	√	√

（续表）

相关举措	上海	北京	广州	天津	重庆	巴黎	伦敦	纽约	东京	迪拜
发展电商经济	√	√	√	√	√					
加快数字化转型	√	√	√	√	√		√	√	√	√
发展信息消费	√	√	√	√			√	√	√	√
开展数据商用工作				√				√		
提升社区生活圈能级	√	√	√	√		√	√	√	√	√
完善交通物流体系	√	√	√	√	√	√	√	√	√	√
提升城市公共交通便利度		√	√	√	√	√	√	√	√	√
优化城市商业空间	√	√	√	√	√					
优化消费市场环境	√	√	√	√	√					
完善消费领域标准体系	√	√	√	√	√					
优化消费市场监管体系	√	√	√	√	√					√
优化政策环境	√	√	√	√	√				√	√
落实财税支持政策				√	√					
落实土地支持政策				√						
优化商品进出口服务			√	√						
推动农产品双向流通			√							
加强国内大市场联动	√	√	√	√	√					
打造城市群消费联合体	√	√	√	√	√				√	
共建国际消费枢纽		√	√		√	√	√	√	√	√
加强全球营销推广				√	√	√	√	√	√	√
加强相关人才支撑			√		√					

（七）国际消费中心城市阶段性成效概览

2021 年 10 月 20 日，商务部召开了国际消费中心城市培育建设工作专题新闻发布会，介绍上海、北京、广州、天津、重庆国际消费中心城市培育建设相关情况，各地均取得了国际消费中心城市建设阶段性成效，交出一份亮眼的成绩单。具体来看，上海创办"五五购物节"，打响"上海购物"品牌，2020 年消费品进口额占全国三分之一，首发经济规模居全国首位，国际品牌集聚度居全球城市第二；北京凭借真招实策发力，正在推动 173 项重点任务落实落细，91 项创新政策中已出台 54 项，执行率近 60%；广州持续优化空间布局，打造"一带两区一轴"和"5＋2＋4"国际知名商圈新格局；天津市发挥独特的区位优势和城市历史文化，打造意风区、五大道等洋楼文化体验区，通过名人故居、博物馆、文艺演出等形式讲述天津故事；重庆则是以建设国际购物、美食、会展、旅游、文化"五大名城"和实施"十大工程"为重点，加快培育富有巴渝特色、彰显中国风范。

进入 2022 年，各地扎实推进建设工作向纵深发展，国际消费中心城市建设阶段性成效更加明显。据 2 月 8 日举办的北京国际消费中心城市建设专场新闻发布会，北京 2021 年全市总消费同比增长 11%，消费市场整体恢复至 2019 年疫情前水平。同时 22 个传统商圈和 20 家"一店一策"试点企业基本完成升级改造，王府井步行街获评国家级示范步行街，6 个新消费品牌孵化试点基地挂牌运营，新认定时尚品牌跨国公司地区总部 4 家，717 家离境退税商店居全国首位。此外，重庆以国际消费中心城市培育建设为引领，全年全市社会消费品零售总额 13967.7 亿元，同比增长 18.5%，增速比全国高 6 个百分点；广州全市实现社会消费品零售总额 10122.56 亿元，同比增长 9.8%，两年平均增长 2.9%。

根据各地取得的阶段性成效和后续规划，可以看到首批开展国际消费中心城市培育建设的城市，都将建设好国际消费中心城市作为自身的重要发展使命，凭借城市特色底蕴和人文魅力，发挥区位优势、建设特色经济。可以想见，国际消费中心城市的竞争还将趋向白热化，随着新一轮支持政策的明确，各地行动建设的脚步也将继续加快向前。在这一过程中，上海必须找准定位、纵深推进，有效激发城市活力，发掘出消费潜能。

第三节　上海建设国际消费中心城市的自我驱动

一、上海消费市场的深厚优势与实力担当

首先，上海消费市场规模巨大，运行保持平稳。2020 年上海社会消费品零售总额在新冠疫情影响下仍保持 0.5% 的同比增速，规模继续保持全国首位。2021 年全市社会消费品零售总额达到 1.81 万亿元，同比增长 13.5%，增幅略高于全国水平。其次，新消费正引领未来格局，催生更多的新模式新业态。上海消费供给近年来向着引领潮流方向发展，世界知名高端品牌集聚度超过 90%，首店、旗舰店数量居全国第一，国际品牌纷纷选择上海开展新品首发活动；联动长三角、服务全国、辐射亚太的进出口商品集散地加快形成。此外无人零售、社群电商等新业态新模式也在不断涌现，集聚了一大批资源配置能力强的领军企业，上海逐渐成为新零售的"策源地"和"竞技场"。第三，围绕建设国际消费中心城市的战略目标，上海已收获到一批成功的实践经验。2020 年 5 月，上海首次启动大规模商业促销活动"五五购物节"，多家在线新经济企业参与，通过线上流量优势反哺线下卖场，实现电商与实体零售融合互动，激活消费潜力、驱动消费复苏；而 2021 年的"五五购物节"在"全球首发季"推动下，更是推动上海成为全球新品首发"第一城"。

上海自身卓越的发展条件和诸多新尝试，大大提升了建设国际消费中心城市的软实力，为建设国际消费中心城市带来高起点发展优势，消费升级、创新业态的蓝图正在逐步落地，成为居民美好生活的一部分。同时，上海也认识到成为顶尖的国际消费中心城市将面临更大难度的挑战和更高标准的要

求，必须以十二分的努力与精细，挖掘上海消费市场的潜力、活力和魅力，才能交出一份令人满意的答卷，使上海成为建设国际消费中心城市的成功典范。

二、上海在新发展格局中的双重定位

在经济全球化的大背景之下，世界各国百花齐放，不断培育出富有特色的魅力城市，在全球消费网络中占据一席之地，成为自身气质的最佳代言人，例如营商环境极佳、社会文化多元的自由港新加坡，以及引领时尚文化、定义奢侈品消费的艺术巴黎。上海也需要明确当下与未来，自身在消费网络中的独特定位，从而积极面对挑战，有的放矢建设国际消费中心城市。这一答案可以从习近平总书记提炼概括的上海城市精神和城市品格中挖掘。可以说，开放、创新、包容的上海就是一面软硬实力兼备的卓越都市橱窗，向世界提供走进中国、融入中国的最佳视角，也为其他城市提供面向未来的建设模范。

上海在全球消费网络中占据重要地位，凭借其出色的软硬实力，成为中国形象与中国气质的最佳代言人之一。国际消费中心城市需要具备全球资源配置能力、较强国际竞争力和影响力，而在"十三五"时期，上海就已基本建成与我国经济贸易地位相匹配、在全球贸易投资网络中具有枢纽作用的国际贸易中心，在规模指标上实现了"大满贯"：上海口岸贸易额位列世界城市首位，集装箱吞吐量连续 11 年居世界第一。《"十四五"时期提升上海国际贸易中心能级规划》更是提出"基本建成全球贸易枢纽、亚太投资门户、国际消费中心城市、亚太供应链管理中心、贸易投资制度创新高地，全面建成国际会展之都"。上海世界级、开放型、现代化产业体系基本形成，成为应对任务挑战的底气所在。同时上海的城市发展也关注科技创新和文化大都市建设，将提高软实力作为重要使命。

在加快构建以国内大循环为主体、国内国际双循环相互促进的新发展格局战略中，上海既是国内当之无愧的一线领军城市，又是关键节点城市，在保障全国消费网络平稳健康成长中起到重要作用。从国家层面来看，2021年上半年，上海 GDP 总量首次站上 2 万亿元新台阶，成为 23 个万亿城市的火车头，社会消费品零售总额增幅高出全国 7.3 个百分点。上海是国内人员往来的重要枢纽，据《2021 年上半年上海交通运行监测报告》，2021 年上半年上海市对外旅客发送量 7495 万人次，同比上升 82.5%；上半年全网客流日均客流 963 万人次，较 2020 年上半年上升 60.1%。上海也是中国最具消费基因的城市，始终走在消费模式创新的最前沿，引领城市消费发展潮流。以数字化转型为例，上海是政府、企业、社会全方位数字化的积极践行者，不仅蝉联全球重要城市开放数据冠军，开放公共数据达 5000 余项，还集聚了字节跳动、拼多多、携程等互联网大厂和叮咚买菜、蔚来、莉莉丝、米哈游、叠纸等新生势力；在 1 月召开的 2022 年商务工作会议，围绕"大开放""大消费"，聚焦国家战略、消费升级、流通创新、外贸转型、外资提质和民生保障，部署安排了 2022 年重点任务。从区域层面看，上海是长三角联动、内外贸互促的关键节点城市。近年来充分发挥人才、资金和物流集聚等优势，不断激发长三角区域消费释放潜力，自身影响力得以进一步放大。围绕进博会、自贸试验区、虹桥国际开放枢纽等一系列重大国家战略的推进，上海正在努力搭建大平台、畅通大循环，让发展半径和扇面更大，服务辐射能力更强，发挥双循环重要一环的关键作用。

三、上海建设国际消费中心城市的战略部署

党的十九届五中全会通过的《中共中央关于制定国民经济和社会发展第十四个五年规划和二〇三五年远景目标的建议》提出，要加快构建以国内大循环为主体、国内国际双循环相互促进的新发展格局。要以国内大循环为主体，打通国内生产、分配、流通、消费的各个环节，发挥中国超大规模市场优势，以满足国内需求作为经济发展的出发点和落脚点；国内国际双循环相

互促进，通过发挥内需潜力，使国内市场和国际市场更好地联通、促进，逐步形成以国内大循环为主体、国内国际双循环相互促进的新发展格局，加快培育新形势下我国参与国际合作和竞争的新优势。这是以卓越顶层设计对"十四五"和未来更长时期我国经济发展战略、路径作出的重大调整完善，将会对世界经济繁荣产生重要而深远的影响。

《上海市国民经济和社会发展第十四个五年规划和二〇三五年远景目标纲要》中指出，"十四五"时期，上海发展环境面临更为深刻复杂变化，必须全力服务构建新发展格局，并着力强化城市功能内核。更具体地来看，《关于加快建设上海国际消费中心城市　持续促进消费扩容提质的若干措施》提出要更好发挥消费对上海构建国内大循环中心节点和国内国际双循环战略链接的基础性作用，做好疫情防控常态化下促消费工作，全力打响"上海购物"品牌，加快建设国际消费中心城市。

十一届上海市委题为《弘扬伟大建党精神　践行人民城市理念　加快建设具有世界影响力的社会主义现代化国际大都市》的第十二次党代会报告指出，"主动服务和融入新发展格局是上海作为经济中心城市的重要使命"，要求打造国内大循环的中心节点和国内国际双循环的战略链接，更好服务全国统一大市场，同时围绕实施扩大内需战略，深入推进国际消费中心城市建设。

当前，上海正在全力打造国内大循环中心节点和国内国际双循环战略链接。承接建设国际消费中心城市这一重要任务，将为上海吸引集聚全球消费资源、提升消费功能和能级、加快建设具有世界影响力的社会主义现代化国际大都市，提供重要的动力源、增长极和支撑点。

四、上海建设国际消费中心城市的政策落地

2019 年 10 月商务部等 14 部门印发的《关于培育建设国际消费中心城市的指导意见》中提出，培育建设国际消费中心城市的重点任务包括：聚集

优质消费资源、建设新型消费商圈、推动消费融合创新、打造消费时尚风向标、加强消费环境建设、完善消费促进机制等六项主要任务。面对国家的殷殷期盼，上海的国际消费中心城市建设打的并不是无准备之仗。从《全力打响"上海购物"品牌　加快国际消费城市建设三年行动计划（2018—2020年）》到《全力打响"上海购物"品牌　加快建设国际消费中心城市三年行动计划（2021—2023年）》，"加快国际消费城市建设"已变为"扎实推进国际消费中心城市建设"，为上海建设国际消费中心城市提出了更为明确的要求。

2021年4月，上海发布了《关于加快建设上海国际消费中心城市　持续促进消费扩容提质的若干措施》，具体提出了促进建设国际消费中心城市的十二项举措，包括：全力办好"五五购物节"、扩大高端消费、打造全球新品首发、提升本土品牌影响力、促进大宗消费、全面推进商业数字化转型等。2021年7月，上海市商务委员会印发了《上海市推进商业数字化转型实施方案（2021—2023年）》，明确"到2023年，商业在我市各行业率先实现数字化转型，在全国商业数字化建设中发挥引领示范作用，助力上海国际消费中心城市和国际数字之都建设。"2021年8月，上海市政府办公厅印发了《上海市建设国际消费中心城市实施方案》中，围绕七个方面，提出28项具体任务，力求充分发挥消费对高质量发展和稳增长的支撑作用，勇当标杆、争做示范，努力在建设具有全球影响力、美誉度的国际消费中心城市中走在全国前列。

市委市政府以时不我待的紧迫感，推动各部门工作抓实落细，2021年是上海国际消费中心建设初见成效的一年。面对复杂多变的国际局势，面对日新月异的国内建设，上海坚持将国际消费中心城市建设放在突出位置，继续出实招、抓落实，交出精益求精的上海答卷。

第二章

2021 年上海消费市场发展情况

经历了 2020 年疫情的考验，2021 年上海消费市场开年气势如虹，支付端消费从一季度起两年复合增长率就达到 6.82%，此后支付端消费增长较为稳健，年终两年复合增长率定格在 5.36%。同时，线上实物消费同比增长 9.31%，线上服务消费同比大幅增长 30.01%，在实物消费增长明显放缓之下，服务消费为线上消费打开了新市场。

第一节　全市社会消费品零售总额运行情况

本节中主要使用了社会消费品零售总额（以下简称"社零"）和大数据监测的线下消费、线上消费两个口径。其中，社零口径的零售总额采集自企业端数据，大数据监测的线下和线上消费口径采集自支付端数据。

一、上海社零增速高于全国，网上零售持续增长

2021 年，全国实现社零 44.08 万亿元，同比增长 12.5%，两年复合增长率为 3.9%。据市统计局数据，2021 年上海全市实现社零 1.81 万亿元，同比增长 13.5%，略高于全国增长水平，全年增速较上半年降低 16.8 个百分点，2019 年至 2021 年两年复合增长率为 6.8%。

2021 年，品牌企业和实体商业进一步向线上拓展转移。全年全国网上零售额 13.09 万亿元，比上年增长 14.1%。而上海通过互联网实现的商品

销售在 2021 上半年及全年分别达到 2764 亿元和 6138 亿元，同比分别增长 26.1% 和 23.4%。

二、上半年上海社零保持高速增长

上半年全市实现社零 0.90 万亿元，同比增长 30.25%。其中批发零售业和住宿餐饮业均保持高速增长，远超 2020 年疫情低谷水平，表明常态化疫情防控取得显著成效，经济快速恢复稳定增长。上半年，批发零售业实现零售额 0.83 万亿元，同比增长 28.43%；住宿餐饮业实现零售额 761 亿元，同比大幅增长达 54.04%，增速高于批发零售业 25.6 个百分点。2021 年上半年全国餐饮收入 2.17 万亿元，同比增长达 48.6%，上海上半年住宿餐饮业增速相对较高，表明消费人气较快恢复。

分零售品类来看，上半年多数品类保持高速增长，其中体量较大的服装鞋帽针织纺品、汽车、化妆品、日用品、通信器材、文化办公用品和金银珠宝等商品品类起到了关键性作用，分别同比增长达 38.9%、42.6%、24.0%、48.9%、19.2%、37.8% 和 72.4%，其零售额合计占社零比重的 64.7%，合计拉动社零增速提高 12.5 个百分点。同时体量较大的粮油食品零售额保持与 2020 年同期持平，家用电器和音像器材类零售额则是同比下降 0.9%，是限制上半年社零未能进一步增长的主要原因。

三、全年上海社零增速趋于平稳

2021 年全年批发零售业和住宿餐饮业增长低于上半年同比增速，主要原因在于 2020 年下半年以来，上海就已进入经济恢复的快车道，每月基数相对较高。2021 年全年，批发零售业实现零售额 1.66 万亿元，同比增长 12.7%；住宿餐饮业实现零售额 1456 亿元，同比大幅增长 22.7%，增速高于批发零售业 10.0 个百分点。2021 年全年全国餐饮收入 4.69 万亿元，同比增长达 18.6%，上海餐饮住宿业全年增速仍领先全国 4.1 个百分点。

分月来看，2021 年上海批发零售业和住宿餐饮业均在一季度和二季度表现出高速增长，三、四季度明显放缓。一季度，2 月份批发零售业和住宿餐饮业单月同比增长分别达到 83.3% 和 288.4%，表明在新的一年，上海已走出疫情低谷。二季度，5、6 月合计实现社零 3106.3 亿元，同比 2020 年增长 13.5%，其中批发零售业和住宿餐饮业分别同比增长 11.8% 和 34.8%，社零的高增长得益于第二届"五五购物节"成效显著，对经济的提振作用不减上年。三季度，在绝对体量和同比增长情况方面，消费增长表现略显低迷。四季度上海社零总额较高，同比基本持平，主要受到 2020 年四季度基数相对较高影响。

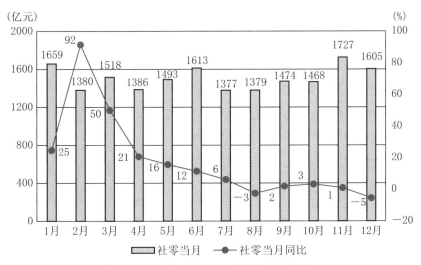

图 2-1　2021 年 1—12 月全市社零月度情况

数据来源：上海市统计局。

分零售门类来看，全年多数品类保持正增长，增速有所放缓，约为上半年增速的一半。体量最大的服装鞋帽针织纺品、汽车和化妆品类分别同比增长 12.3%、9.9% 和 15.7%，其零售额合计占社零的 44.0%。其中新能源汽车类虽只占汽车类全年零售额的 18.1%，却贡献了汽车类全年增长的 83.15%，且关键作用集中于上半年；文化办公用品和通信器材保持了较平稳的增速，全年同比分别达 40.1% 和 14.8%，与上半年较为接近；此外，粮油食品类零售于下半年发力，全年同比 2020 年增长 3.8%。

四、上海各区社零发展均呈现正增长

2021 年上海各区社零均实现正增长，普陀区、浦东新区、静安区、黄浦区和徐汇区 5 个区社零增速高于全市平均水平。2021 年浦东新区和闵行区社零体量较大，排名社零规模前二，静安区社零总额超过嘉定区，排名全市社零规模第三。浦东新区、闵行区和静安区三区合计占全市社零比重的42.7%，合计拉动上海社零增长提高 2.5 个百分点。

五、上海领跑国际消费中心城市建设

据各地统计局公布信息，在首批开展国际消费中心城市培育建设的城市中，2021 年北京市社零总额达到 1.49 万亿元，同比增长 8.4%，其中餐饮收入和商品零售分别同比增长 27.5% 和 7.1%；重庆市社零总额达到 1.40 万亿，同比增长 18.5%，其中餐饮收入和商品零售分别同比增长 28.5% 和17.0%；广州市社零总额达到 1.01 万亿元，同比增长 9.8%，其中批发零售业和住宿餐饮业分别同比增长达 9.1% 和 18.5%；天津市社零同比增长5.2%。2021 年，上海社零总额达到 1.81 万亿元，同比增长 13.5%，其中批发零售业和住宿餐饮业分别同比增长 12.7% 和 22.7%，在规模和增速上，均处于国际消费中心城市建设队伍的前列。

总体来看，五座城市社零均呈现出良好的积极增长态势，餐饮方面的高增长尤为突出。从零售门类来看，据公开信息，金银珠宝类、化妆品类和文化办公用品类是共同的高增长门类。

第二节 上海市线下消费运行情况

一、消费同比增长较快，两年复合增长率保持稳健

根据消费市场大数据实验室（上海）数据基地中国银联、上海银联商务、杉德等支付端数据的融合计算，我们对全市线下消费进行持续追踪，数据显示：2021 年伊始，上海全市线下消费的主题词就从"有序恢复"发展为"加速增长"，精准有效的防疫措施和一系列商业创新业态，为上海消费的高质量发展提供了充足底气和高效动能。2021 年全年线下消费 31968.18 亿元，同比 2020 年增长 28.66%，同比 2019 年增长 11.00%，两年复合增长率达到 5.36%。

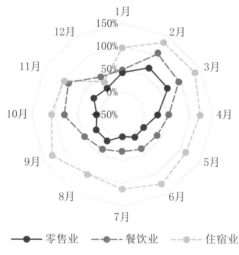

图 2-2 2021 年 1—12 月上海市线下消费月度同比增长情况

一季度线下消费同比增长 61.67%，较 2020 年疫情低谷增长显著。零售业、餐饮业和住宿业均保持 40% 以上的高速增长；其中住宿业各月增长保持在 100% 左右，相较于 2019 年同期增幅也超过 50%。1 月和 3 月，上海全市线下消费突破 3000 亿元大关，达到 2019 至 2021 三年间最高水平。

同 2019 年水平相比，一季度全市线下消费增长 14.11%，两年复合增长率 6.82%。

二季度线下消费同比增长 19.15%，受 2020 年同期疫情缓和后基数升高影响，同比涨幅有所趋缓，"五五购物节"对于消费的刺激作用也由"疫后恢复"转向"高质量发展"。5 月和 6 月，零售业同比增速降至个位数，住宿业和餐饮业仍保持高速增长。同 2019 年水平相比，二季度全市线下消费增长 10.90%，两年复合增长率 5.31%。

三季度同比增长达 16.56%，由于 2020 年下半年疫情基本得到控制，2021 年三季度同比增速略有下降。其中，零售业 7 月同比小幅下降 2.40%，8 月、9 月又迅速回升至同比增长 15% 左右，餐饮业同住宿业仍保持高速增长。同 2019 年水平相比，三季度全市线下消费增长 6.92%，两年复合率 3.40%。

四季度当季同比增长达 22.78%，超过二季度和三季度增长水平。其中，11 月全市线下消费同比增速达到 31.74%，成为下半年最高增速；12 月，住宿业受 2020 年同期基数升高影响，增速降至 31.59%。同 2019 年同期相比，四季度全市线下消费增长 11.78%，两年复合增长率 5.72%。

二、零售业奠定线下消费稳健增长基调

2021 年，上海市零售业共计消费 26724.87 亿元，同比增长 22.54%，较 2019 年增长 6.92%，两年复合增长 3.40%，为全年线下消费的稳定增长奠定基础。从行业增速看，珠宝首饰、电子产品、母婴用品、便利店和百货消费较上年同期水平增长均超过 100%，分别达到 184.87%、145.51%、119.17%、110.49% 和 103.25%；其余同比增长超过 50% 的行业还包括粮油食品、文体用品、服装鞋帽和家居建材。从行业规模看，珠宝首饰已超越汽车和服装鞋帽类消费，跃升至 2021 年消费额占比排名的第三位。

表 2-1　2021 年上海市线下分行业消费（单位：亿元）

行　业	2021 年消费额	同比增长情况	较 2019 年增长
零售业小计	26724.87	22.54%	6.92%
百货	4228.46	103.25%	114.92%
便利店	412.71	110.49%	−13.26%
超市卖场	8423.73	−18.49%	−33.79%
电子产品	845.52	145.51%	68.19%
服装鞋帽	2829.43	81.79%	85.46%
化妆品	407.35	40.03%	43.10%
加油	145.58	−84.60%	−85.30%
家居建材	1573.56	67.41%	67.92%
家用电器	173.49	−33.16%	−36.64%
酒	93.69	35.48%	33.46%
冷饮乳制品	2.45	0.73%	−40.83%
粮油食品	908.30	95.69%	14.23%
母婴用品	220.04	119.17%	111.99%
其他	484.62	28.27%	12.30%
汽车	1554.78	−16.58%	−15.83%
文体用品	1182.85	84.49%	75.07%
烟	43.75	−64.94%	−52.98%
医药器械	137.73	−4.54%	−2.35%
珠宝首饰	3056.83	184.87%	165.20%
餐饮业小计	3040.18	55.06%	24.58%
快餐服务	258.06	166.11%	39.14%
饮料及冷饮服务	635.99	30.81%	0.55%
正餐服务	2146.13	55.80%	32.29%
住宿业小计	2203.13	104.51%	61.50%
总　计	31968.18	28.66%	11.00%

从零售业的各行业分月同比变化情况可以看出，除超市卖场、汽车、家用电器、加油、医药器械、烟和冷饮乳制品外，多数行业全年保持较好增长，2021 年上半年同比增速显著高于下半年，大致呈现为消费额较高行业同比增长幅度更高的特点。

细分门类	1月	2月	3月	4月	5月	6月	7月	8月	9月	10月	11月	12月
零售业总计	43%	69%	67%	29%	6%	6%	-2%	16%	16%	6%	23%	17%
超市卖场	-16%	-14%	4%	26%	40%	-35%	-40%	-24%	-11%	-11%	46%	9%
百货	207%	390%	342%	162%	106%	176%	50%	94%	43%	46%	32%	62%
珠宝首饰	127%	500%	263%	361%	216%	227%	155%	161%	167%	77%	102%	97%
服装鞋帽	110%	234%	272%	103%	77%	73%	37%	38%	66%	70%	96%	16%
家居建材	200%	159%	158%	111%	68%	75%	31%	53%	39%	38%	18%	27%
汽车	75%	122%	8%	-17%	-26%	-26%	-29%	-39%	-20%	-43%	-44%	-39%
文体用品	171%	229%	245%	182%	73%	3%	33%	55%	49%	34%	22%	32%
粮油食品	52%	157%	123%	101%	87%	84%	95%	135%	104%	70%	89%	98%
电子产品	405%	524%	283%	290%	91%	173%	124%	128%	58%	15%	-19%	29%
便利店	160%	302%	123%	252%	-9%	-14%	87%	130%	216%	0%	230%	93%
化妆品	9%	11%	46%	31%	27%	24%	12%	33%	68%	105%	52%	42%
母婴用品	210%	338%	361%	209%	44%	107%	22%	71%	161%	117%	119%	83%
家用电器	39%	-26%	89%	13%	-12%	3%	23%	-12%	76%	-80%	-82%	-87%
加油	-61%	-53%	-71%	-82%	-86%	-85%	-75%	-70%	-88%	-93%	-93%	-83%
医药器械	10%	33%	53%	29%	6%	-18%	-15%	-16%	17%	-22%	-13%	-26%
酒	6%	36%	53%	55%	32%	37%	39%	44%	65%	56%	23%	13%
烟	18%	-28%	12%	-21%	-57%	-66%	-62%	-55%	-47%	-56%	-80%	-94%
冷饮乳制品	-37%	8%	1%	-45%	-61%	-64%	-49%	-48%	-62%	-49%	126%	226%

图 2-3　2021 年 1—12 月上海市零售业各细分门类同比情况

三、餐饮住宿业高速增长成为亮点

2021 年，上海市餐饮业共计消费 3040.18 亿元，同比增长达 55.06%，较 2019 年水平增长达 24.58%，两年复合增长率 11.62%。整体来看，受 2020 年疫情低谷影响，2021 年一季度餐饮业同比增长最高，其中 2 月份涨幅达到 108.31%；二、三季度增速有所趋缓，但仍保持在 30% 以上；进入四季度，餐饮业同比增速有所回升，10 月和 11 月涨幅分别为 76.69% 和 87.19%。

2021 年，上海市住宿业共计消费 2203.13 亿元，同比增长 104.51%，较 2019 年水平增长 61.50%，两年复合增长率 27.08%。住宿业也延续了 2020 年疫情后的良好恢复状态，较零售业和餐饮业同比增长更为显著。整体来看，一季度至三季度，住宿业消费同比增长均超过 110%，四季度增速放缓至 75.44%。

第三节 上海市线上消费运行情况

一、线上消费增长保持较高水平

2021 年上海市线上消费增长较 2020 年有所放缓，但仍保持在较高水平，表明消费者线上消费具有充分黏性，整体市场由增量竞争进一步发展为存量竞争。另据数据显示，2021 年 1—12 月上海网络零售总额达 1.55 万亿元，同比增长 10.97%，其中实物商品网络零售额 1.40 万亿元，同比增长 9.31%；服务商品网络零售额 0.15 万亿元，同比大幅增长 30.01%。

线上实物消费同比增速较 2020 年趋向平稳，个别月份保持较高增长水平。分季度来看，一季度、二季度和四季度均表现为积极拉动，其中 5 月和 10 月同比涨幅较高，分别达到 13.29% 和 17.82%，虽低于 2020 年同期拉动水平，但仍反映出"五五购物节"对于促消费、稳增长的重要价值，以及"双十一"在线上消费格局中的突出地位。2021 年三季度，各月线上实物零售增长较为乏力，其中 9 月线上实物零售呈现同比负增长。

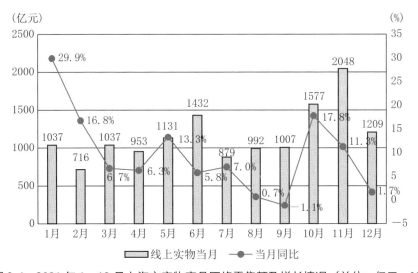

图 2-4 2021 年 1—12 月上海市实物商品网络零售额及增长情况（单位：亿元，%）

　　线上服务消费较实物消费同比增长更为显著，2021 年多数月份同比增长超过 20%。其中，由于 2020 年 2 月为受疫情影响的消费低谷，餐饮美食、交通旅游等服务消费均出现断崖式下滑，使得 2021 年 2 月同比增长达到 115.35%，为全年最高增长水平。此外受 2021 年 7 月拍卖行业大幅向下波动影响，线上服务消费同比下降 16.53%。

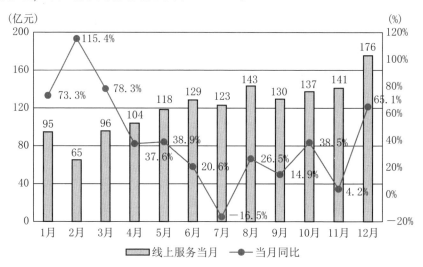

图 2-5　2021 年 1—12 月上海市服务商品网络零售额及增长情况（单位：亿元，%）

二、实物类美丽消费占比高，服务类餐饮消费占六成

　　分行业来看，上海市线上实物类消费中，家居家装、服装服饰和个护化妆零售额占比最高，分别达到 16.64%、15.92% 和 15.07%，网络销售规模分别达到 2331.07 亿、2231.44 亿和 2113.02 亿。在增速方面，个护化妆、家居家装和医药保健表现亮眼，延续了 2020 年高增长水平，其余门类则增速有所趋缓。

　　线上服务类消费中，餐饮美食类消费占比最高，在 2021 年达到 60.08%，较 2020 年占比提高 7.6 个百分点。在增速方面，得益于疫情防控的卓有成效，休闲娱乐、生活服务和餐饮美食全年同比增长分别达 74.23%、56.17% 和 48.94%。

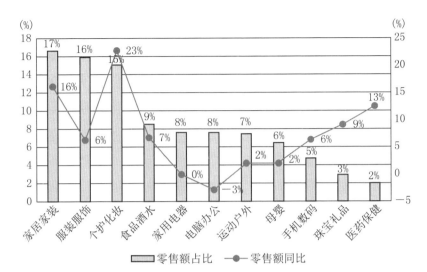

图 2-6 2021 年全年上海市实物行业网络零售额增长情况

三、头部三区继续领跑，多数区线上消费正增长

整体来看，浦东新区、闵行区和静安区继续蝉联销售额排名三甲。其中，浦东新区 2021 年网络零售额达到 2518 亿元，占全市比重的 16.27%，较 2020 年提高 1.4 个百分点，排名全市第一；闵行区和静安区分列二

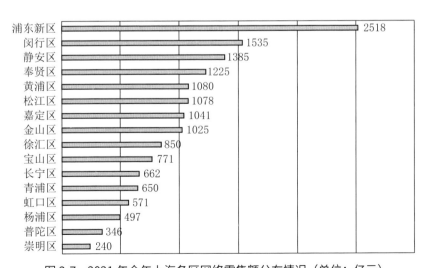

图 2-7 2021 年全年上海各区网络零售额分布情况（单位：亿元）

位、三位，网络零售额分别达到 1535 亿元和 1385 亿元，占全市比重分别达到 9.92% 和 8.95%。奉贤区和黄浦区线上消费超过金山区，分别排名全市第四、第五。从增速看，普陀区、浦东新区、闵行区和松江区增长较快，同比分别增长 22.15%、21.08%、19.44% 和 18.78%。除金山区和杨浦区外，上海各区网络零售额均呈现同比正增长，增速较 2020 年有所下降。

分实物消费和服务消费来看，2021 年上海各区发展并不平衡，各有侧重。其中浦东新区、徐汇区和杨浦区线上服务消费发展较快，在上海全市线上服务消费中的占比大幅高于实物消费占比；奉贤区、金山区和青浦区在线上服务消费方面的发展较为滞后。

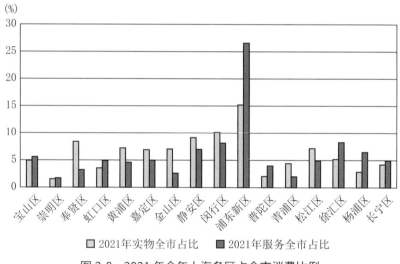

图 2-8　2021 年全年上海各区占全市消费比例

分月来看，各区一季度同比增速普遍较高；二季度与三季度，各区同比增速有所下滑；四季度，浦东新区、普陀区、闵行区和静安区线上消费增速加快，在"双十一"期间表现突出，其中浦东新区 10 月和 11 月同比增速达到全年最高，分别为 57% 和 54%。

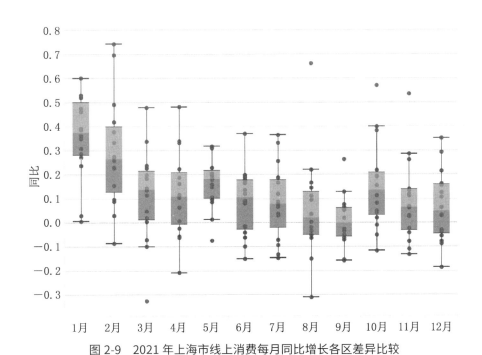

图2-9 2021年上海市线上消费每月同比增长各区差异比较

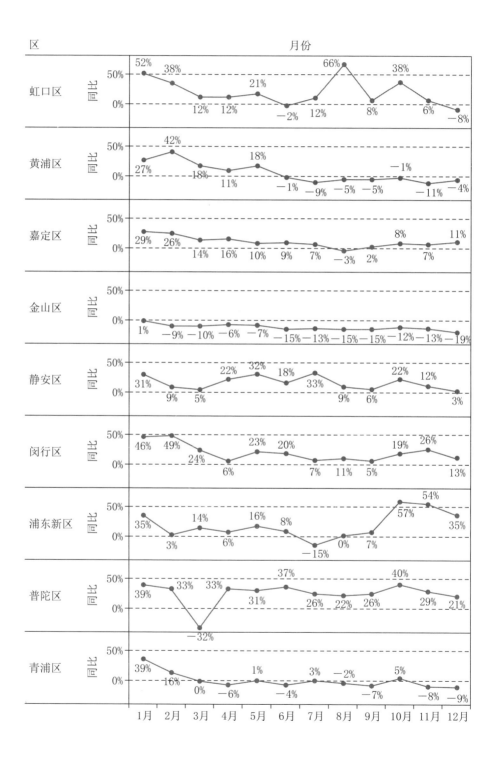

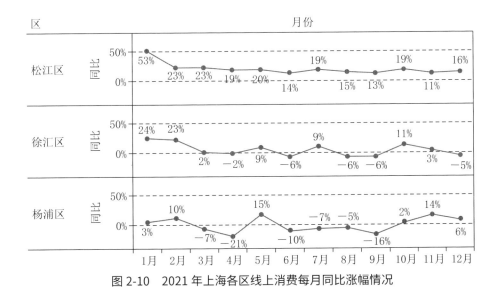

图 2-10 2021 年上海各区线上消费每月同比涨幅情况

第四节 重点商圈消费市场运行情况

一、核心 CBD 仍是消费王牌，郊区板块闵行较为突出

2021 年上海市纳入监测的市级商圈共 16 个，其中南京西路商圈、小陆家嘴—张杨路商圈、南京东路商圈、徐家汇商圈、淮海中路和中山公园商圈排名靠前，这些商圈商业传统悠久，商业体扎堆且体量相对较大，地处商业前沿的城市核心 CBD 区域；五角场商圈、张江科学城位于新晋的城市副中心，是规划落地较好的发展区域；排名落后的老牌商业街四川北路商圈消费缺乏新增长点，真如商圈城市副中心的聚集效应尚未显现。

表 2-2 2021 年上海市中心城区商圈销售排名

市区商圈名称	销售排名	包含主要商业体
南京西路商圈	1 （超 300 亿级别商圈）	恒隆广场、九百城市广场、兴业太古汇、芮欧百货、梅龙镇广场、静安嘉里中心、晶品购物中心、丰盛里、金鹰国际购物广场、中信泰富广场

（续表）

市区商圈名称	销售排名	包含主要商业体
小陆家嘴—张杨路商圈	2 （超 300 亿级别商圈）	国金中心、正大广场、陆家嘴中心 L+Mall、上海世纪汇广场、浦东百联世纪购物中心、96 广场、新梅联合广场、金茂时尚生活中心、新大陆广场、上海华润时代广场、MORE 上海 MEE 生活时尚中心、第一八佰伴、上海览海国际广场
南京东路商圈	3 （约 150 亿级别商圈）	上海新世界城、上海新世界大丸百货、世茂广场、来福士广场、上海东方商厦南东店、名人购物中心、宏伊国际广场、外滩·中央、悦荟广场、上海永安百货、第一百货商业中心
徐家汇商圈	4 （约 100 亿级别商圈）	港汇恒隆广场、美罗城、上海汇金百货（徐汇店）、上海 itc one、百联徐汇商业广场、上海东方商厦（旗舰店）、上海太平洋百货（徐汇店）、上海徐家汇 ITC 商场二期
淮海中路商圈	5 （约 100 亿级别商圈）	环贸 IAPM、K11 购物艺术中心、上海新天地、香港广场、上海广场、无限极荟、淮海 755、上海新天地广场、新天地时尚、新天地湖滨道购物中心、大上海时代广场
五角场商圈	6 （约 100 亿级别商圈）	万达广场五角场店、合生汇、百联又一城购物中心、上海苏宁易购生活广场（五角场店）
中环（真北）商圈	7 （约 80 亿级别商圈）	百联中环购物广场、近铁城市广场
中山公园商圈	8 （约 50 亿级别商圈）	上海兆丰广场、长宁来福士、龙之梦广场中山公园店
张江科学城	9 （约 50 亿级别商圈）	长泰广场、汇智国际商业中心、张江绿地缤纷广场、上海周浦绿地乐和城
新虹桥—天山商圈	10 （约 50 亿级别商圈）	尚嘉中心、虹桥南丰城、金虹桥国际中心、百盛优客城市广场、上海汇金百货（虹桥店）

（续表）

市区商圈名称	销售排名	包含主要商业体
大宁商圈	11（50亿级别以下商圈）	大宁国际商业广场、大宁音乐广场、上海静安大宁久光百货
豫园商圈	12（50亿级别以下商圈）	豫园旅游商城
虹桥商务区商圈	13（50亿级别以下商圈）	虹桥天地、虹桥天街、上海虹桥绿谷、上海虹桥丽宝乐园
迪士尼乐园	14（50亿级别以下商圈）	迪士尼小镇
四川北路商圈	15（50亿级别以下商圈）	龙之梦广场虹口店、上海星荟中心、利通广场
真如商圈	16（50亿级别以下商圈）	上海星光耀广场、上海普陀绿地缤纷城

郊区商圈中位于闵行的梅陇商圈、颛桥—吴泾商圈和七宝商圈排名前三，闵行商业发展较为繁荣，甚至有与一些中心城区商圈比肩的实力。其余非中心城区多由商业集聚效应较为明显的一个商圈领衔，如奉贤的南桥商圈、松江的泗泾—新桥镇商圈、嘉定的江桥商圈、青浦的盈浦—夏阳商圈、金山的山阳商圈等。

表2-3　2021年上海市郊区商圈销售排名

郊区商圈名称	销售排名	包含主要商业体
梅陇商圈	1	百联南方购物中心、中庚漫游城、上海绚荟城、上海麦多生活广场、中海环宇荟、莲花国际广场、上海万辉国际广场
颛桥—吴泾商圈	2	颛桥万达、龙湖上海闵行天街、龙盛国际商业广场、吴泾宝龙城
七宝商圈	3	七宝万科广场、七宝宝龙、凯德七宝购物广场、汇宝购物广场、七宝商城、上海七莘红点城、上海星宝购物中心、上海顺恒国际商业广场

（续表）

郊区商圈名称	销售排名	包含主要商业体
南桥商圈	4	百联南桥购物中心、上海苏宁生活广场、上海金汇商业广场
泗泾—新桥镇商圈	5	上海 G60 科创云廊（Rafael Sky City）、上海亚繁亚乐城、上海三湘商业广场、上海保利悦活荟（松江店）
虹桥镇—虹桥—田林商圈	6	爱琴海购物公园、上海华润万象城、上海古北1699、上海阿拉城
莘庄商圈	7	龙之梦广场闵行店、仲盛世界商城、维璟广场、上海彩生活时代广场
江桥商圈	8	万达广场江桥店、上海嘉莲华国际商业广场、上海嘉尚坊时尚生活中心、上海江桥老街
盈浦—夏阳商圈	9	吾悦广场、青浦万达茂、上海青浦绿地缤纷城、桥梓湾购物中心、富绅中心
山阳商圈	10	金山万达广场、百联金山购物中心、上海易家中心
嘉定镇—新城商圈	11	中信泰富万达广场、嘉定百联购物中心、罗宾森广场、嘉定宝龙广场
中山商圈	12	松江万达广场、上海云间新天地、上海乐尚天地生活广场、上海五龙商业广场
浦江商圈	13	浦江城市生活广场、上海浦江万达广场、华侨城商业中心、上海浦江乐嗨新天地、上海浦江绿地乐和城
重固—赵巷商圈	14	百联青浦奥特莱斯、上海青浦宝龙城市广场、上海元祖梦世界、上海崧泽华城生活汇
马陆商圈	15	嘉定大融城、上海西云楼、上海吉嘉 K-PLAZA、上海嘉定台北时尚风情街、上海嘉宝紫提湾新荟广场
方松—广富林商圈	16	开元地中海、上海东鼎购物中心、塞纳左岸
马桥—江川商圈	17	上海马桥万达广场、上海马桥满天星生活广场、上海马桥龙湖·星悦荟、上海碧江广场
永丰—岳阳商圈	18	鹿都国际广场、新理想广场、飞航广场、上海平高广场
奉浦商圈	19	奉贤宝龙城市广场、连城商业广场

（续表）

郊区商圈名称	销售排名	包含主要商业体
南翔商圈	20	中冶祥腾城市广场、华润五彩城、南翔太茂商业广场
徐泾商圈	21	上海国家会展中心商业广场、上海夏都小镇、永业购物中心、上海虹桥世界中心
新虹—华漕商圈	22	上海虹桥良华购物广场、丰尚国际时尚中心、上海华漕生活馆
九亭商圈	23	贝尚坊时尚生活中心、上海九亭金地广场、上海九亭旭辉 U 天地

二、商圈客流有所增长，节假日表现更为突出

（一）五角场商圈客流量最大、九亭商圈集客力最强

2021 年，上海市监测的 36 个商圈日均客流总量达到 487.89 万人次，同比 2020 年增长 6.34%，其中 29 个商圈的日场均客流量同比 2020 年同期实现正增长，节假日客流量整体高于工作日客流量。

从日场均客流看，监测的全部商圈中日场均客流量超 4 万的有 2 个，超 2 万的有 18 个。其中，五角场商圈和大宁商圈的日场均客流量分别达 4.81 万人次和 4.09 万人次，排名前二；梅川商圈［中环（真北）商圈］、嘉定镇—新城商圈、和中山公园商圈日场均客流量超 2.5 万人次，排名第三至第五。

从工作日客流看，日场均客流量超 3 万的有 2 个，超 2 万的有 12 个。其中，五角场商圈和大宁商圈仍以 3.98 万人次和 3.59 万人次占据前二；梅川商圈［中环（真北）商圈］、中山公园商圈和嘉定镇—新城商圈分列第三至第五名。

从节假日客流看，日场均客流量超 5 万的有 2 个，超 3 万的有 8 个，超 2 万的有 28 个。其中，五角场商圈以 6.62 万人次成为监测商圈中节假日场均客流唯一突破 6 万人次的商圈；大宁商圈、嘉定镇—新城商圈、梅川商圈

[中环（真北）商圈]和山阳商圈排名第二至第五。

表 2-4　2021 年上海市重点商圈每日场均客流情况（单位：万人次）

商圈名称	2021 年每日场均客流	2021 年工作日每日场均客流	2021 年节假日每日场均客流
五角场商圈	4.81	3.98	6.62
大宁商圈	4.09	3.59	5.19
梅川商圈［中环（真北）商圈］	2.82	2.53	3.46
嘉定镇—新城商圈	2.62	2.22	3.49
中山公园商圈	2.58	2.36	3.07
九亭商圈	2.49	2.19	3.14
江桥商圈	2.43	2.13	3.09
山阳商圈	2.38	2	3.2
虹桥商务区商圈	2.31	2.13	2.68
南京东路商圈	2.27	2.01	2.84
虹桥镇—虹桥—田林商圈	2.26	1.96	2.9
南京西路商圈	2.21	2.12	2.41
奉浦商圈	2.19	1.85	2.93
小陆家嘴—张杨路商圈	2.16	2.05	2.4
颛桥—吴泾商圈	2.11	1.79	2.81
中山商圈	2.06	1.67	2.89
七宝商圈	2.04	1.76	2.64
莘庄商圈	2.02	1.73	2.66
四川北路商圈	1.97	1.74	2.49
重固—赵巷商圈	1.86	1.53	2.57
方松—广富林商圈	1.78	1.5	2.37
泗泾—新桥镇商圈	1.75	1.5	2.29
淮海路商圈	1.75	1.66	1.95

（续表）

商圈名称	2021年 每日场均客流	2021年工作日 每日场均客流	2021年节假日 每日场均客流
梅陇商圈	1.74	1.47	2.33
徐家汇商圈	1.72	1.52	2.15
豫园及旅游度假区商圈	1.72	1.29	2.66
浦江商圈	1.63	1.35	2.23
新虹桥—天山商圈	1.62	1.57	1.72
南桥商圈	1.55	1.31	2.07
南翔商圈	1.49	1.33	1.84
永丰—岳阳商圈	1.49	1.28	1.95
盈浦—夏阳商圈	1.48	1.2	2.08
马陆商圈	1.47	1.24	1.97
马桥—江川商圈	1.19	1.03	1.55
徐泾商圈	1.17	1.11	1.31
新虹—华漕商圈	0.82	0.84	0.78

集客力[1]方面，九亭商圈和南京东路商圈的集客力分别为0.6145人次/平方米和0.5765人次/平方米，排名前二；大宁商圈、淮海路商圈、南京西路商圈和四川北路商圈的集客力超0.4人次/平方米，分别为0.4817人次/平方米、0.4604人次/平方米、0.4208人次/平方米和0.4081人次/平方米，排名第三至第六。

九亭商圈和南京东路商圈节假日和工作日集客力也居于前两名；淮海路商圈、大宁商圈和南京西路商圈工作日集客力较强；大宁商圈、豫园及旅游度假区商圈、四川北路商圈、淮海路商圈节假日集客力较强。

---

[1]　集客力指单位面积客流。

表 2-5　2021 年上海市重点商圈每日集客力情况（单位：人次 / 平方米）

商圈名称	2021 年集客力	2021 年工作日集客力	2021 年节假日集客力
九亭商圈	0.6145	0.5408	0.7747
南京东路商圈	0.5765	0.5097	0.7217
大宁商圈	0.4817	0.4223	0.6109
淮海路商圈	0.4604	0.4359	0.5138
南京西路商圈	0.4208	0.4029	0.4596
四川北路商圈	0.4081	0.3592	0.5144
豫园及旅游度假区商圈	0.3648	0.2736	0.5632
五角场商圈	0.3525	0.2917	0.4847
奉浦商圈	0.3454	0.2916	0.4626
江桥商圈	0.3392	0.2969	0.4311
浦江商圈	0.3046	0.2527	0.4172
梅陇商圈	0.2879	0.2429	0.3859
嘉定镇—新城商圈	0.2876	0.2435	0.3835
永丰—岳阳商圈	0.2845	0.2441	0.3722
中山公园商圈	0.2789	0.2548	0.3311
小陆家嘴—张杨路商圈	0.2752	0.2614	0.3053
七宝商圈	0.2696	0.2332	0.3486
虹桥商务区商圈	0.2552	0.2360	0.2969
颛桥—吴泾商圈	0.2483	0.2106	0.3303
徐家汇商圈	0.2459	0.2176	0.3074
南桥商圈	0.2386	0.2016	0.3191
新虹桥—天山商圈	0.2371	0.2300	0.2523
泗泾—新桥镇商圈	0.2250	0.1932	0.2942
南翔商圈	0.2151	0.1920	0.2653
中山商圈	0.2130	0.1733	0.2992

（续表）

商圈名称	2021 年集客力	2021 年工作日集客力	2021 年节假日集客力
方松—广富林商圈	0.2059	0.1743	0.2747
莘庄商圈	0.2030	0.1735	0.2672
虹桥镇—虹桥—田林商圈	0.1950	0.1694	0.2507
山阳商圈	0.1924	0.1619	0.2588
梅川商圈［中环（真北）商圈］	0.1849	0.1656	0.2269
重固—赵巷商圈	0.1789	0.1472	0.2479
马桥—江川商圈	0.1670	0.1442	0.2165
马陆商圈	0.1584	0.1338	0.2120
新虹—华漕商圈	0.1446	0.1481	0.1370
盈浦—夏阳商圈	0.1243	0.1008	0.1754
徐泾商圈	0.0867	0.0820	0.0970

综合来看，核心 CBD 商圈在集客力排名上显著优于场均客流排名，反映市中心尽管商业拓展空间有限，但高集客力为其高坪效产出提供了坚实的基础。相比来看，非中心城区商圈普遍在场均客流排名上更具优势，商业体的体量优势发挥了主要作用。

（二）商圈客流同比增长，节假日表现更为亮眼

2021 年上海市监测的 36 个商圈日均客流量达到 487.89 万人次，同比 2020 年增长 6.34%，其中 29 个商圈日场均客流同比正增长。九亭商圈同比增长超 20%，虹桥镇—虹桥—田林商圈、颛桥—吴泾商圈、南京西路商圈、四川北路商圈、永丰—岳阳商圈、嘉定镇—新城商圈、徐家汇商圈、梅川商圈［中环（真北）商圈］表现亮眼，同比增长均超过 10%。相比而言，处于核心 CBD 的小陆家嘴—张杨路商圈同比增长低于监测商圈的平均水平，南京东路商圈甚至出现同比下降。

表 2-6　2021 年上海市重点商圈日场均客流、集客力同比 2020 年情况

商圈名称	2021 年日客流同比	2021 年工作日客流同比	2021 年节假日客流同比
九亭商圈	25.5%	22.7%	30.6%
虹桥镇—虹桥—田林商圈	19.6%	17.7%	23.0%
颛桥—吴泾商圈	18.4%	17.3%	20.4%
南京西路商圈	18.1%	13.9%	27.3%
四川北路商圈	16.6%	12.0%	24.9%
永丰—岳阳商圈	14.8%	13.9%	16.6%
嘉定镇—新城商圈	13.4%	12.2%	15.5%
徐家汇商圈	13.3%	10.0%	19.2%
梅川商圈［中环（真北）商圈］	12.8%	10.5%	17.1%
梅陇商圈	9.9%	5.3%	17.3%
七宝商圈	9.3%	5.7%	15.4%
淮海路商圈	8.4%	5.2%	15.0%
虹桥商务区商圈	8.4%	4.7%	15.8%
中山商圈	7.6%	6.3%	9.9%
豫园及旅游度假区商圈	6.6%	3.6%	10.7%
奉浦商圈	6.2%	1.4%	14.1%
南桥商圈	6.0%	2.5%	11.8%
大宁商圈	5.9%	4.3%	8.7%
小陆家嘴—张杨路商圈	5.1%	3.1%	9.2%
莘庄商圈	5.0%	0.3%	12.9%
泗泾—新桥镇商圈	4.6%	0.4%	11.7%
盈浦—夏阳商圈	4.4%	−1.5%	13.3%
新虹桥—天山商圈	4.3%	1.3%	10.9%
马陆商圈	3.4%	−0.8%	10.4%
方松—广富林商圈	3.3%	−0.7%	9.7%
山阳商圈	2.9%	0.5%	6.7%

（续表）

商圈名称	2021 年日 客流同比	2021 年工作日 客流同比	2021 年节假日 客流同比
五角场商圈	1.7%	−3.2%	9.5%
中山公园商圈	1.6%	−3.4%	11.4%
新虹—华漕商圈	0.9%	1.8%	−1.2%
南京东路商圈	−0.5%	−0.7%	0.2%
浦江商圈	−2.0%	−7.3%	6.5%
南翔商圈	−3.0%	−4.8%	0.4%
江桥商圈	−3.7%	−6.0%	0.3%
徐泾商圈	−5.4%	−7.7%	−0.7%
重固—赵巷商圈	−7.5%	−9.9%	−3.6%
马桥—江川商圈	−12.6%	−14.6%	−9.3%

相比工作日，节假日的客流总量增长更高。2021 年监测的 36 个商圈工作日的日均客流总量为 430.27 万人次，同比 2020 年增长 3.36%，其中 24 个商圈同比增长；节假日的日均客流量为 613.16 万人次，同比 2020 年增长 11.62%，其中 32 个商圈同比增长。

工作日方面，九亭商圈工作日场均客流同比 2020 年增长超二成，另有虹桥镇—虹桥—田林商圈、颛桥—吴泾商圈等 8 个商圈的工作日场均客流同比 2020 年同期增长超过 10%；处于核心 CBD 的南京东路商圈和小陆家嘴—张杨路商圈工作日客流增长仍然低于监测商圈的平均水平。

节假日方面，九亭商圈、南京西路商圈、四川北路商圈、虹桥镇—虹桥—田林商圈和颛桥—吴泾商圈的节假日场均客流同比 2020 年分别增长 30.6%、27.3%、24.9%、23.0 和 20.4%；另有 17 个商圈的节假日场均客流同比 2020 年同期增长超 10%；核心 CBD 商圈表现分化，南京西路商圈和淮海路商圈增长均达两位数，而小陆家嘴—张杨路商圈和南京东路商圈表现则相对不佳。其中，除南京东路商圈，其余各核心 CBD 商圈节假日的同比表现均明显优于工作日，反映出核心 CBD 商圈节假日对于闲暇时段消费具有更强的号召力。

（三）上半年商圈客流增长较快，下半年同比趋向下跌

分月度来看，2021 年 1 月上海市商圈日均客流跌多涨少，但 2 月开始商圈客流明显恢复，2 月至 6 月一直呈涨多跌少局面；下半年，商圈客流再度陷入跌多涨少的发展状况。2 月为 2021 年增长幅度最大的月份，各大商圈日均客流量同比增长均超过 100%，其中豫园及旅游度假区商圈增幅高达 1311.6%，这与 2020 年同期新冠疫情肆虐而 2021 年已得到有效控制直接相关；3 月至 6 月各商圈日均客流量同比增长较快，大部分商圈同比增速保持在两位数。8 月至 12 月各大商圈同比表现整体不佳，其中 8、9、11 月分别只有 1 个商圈同比正增长，10 月有 3 个商圈呈现正同比增长，12 月没有商圈实现同比正增长。

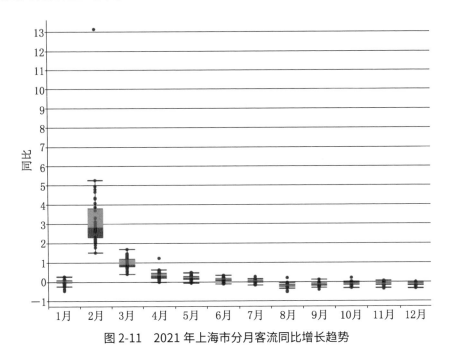

图 2-11　2021 年上海市分月客流同比增长趋势

三、主要商圈经济发展态势向好，用电量恢复增长

消费市场大数据实验室（上海）数据基地的国网上海市电力公司，对上海市静安寺、陆家嘴、南京东路、五角场、新天地、徐家汇和豫园 7 大重点商圈进行分析，采集其历史用电数据，对商圈用电量及增长情况进行统计测算，并进行用电趋势分析。

（一）商圈经济呈现良好发展趋势，用电量恢复增长

整体上看，2021 年随着疫情防控形势稳定以及服务经济的快速发展，上海市商圈经济活动基本恢复正常，并呈现良好的发展趋势，商圈用电量较 2020 年有较大增长。

2021 年上海 7 大商圈整体用电量较 2020 年增长 12.85%，各大商圈用电量均较 2020 年实现增长，且增幅均超过 10%；从涨幅看，豫园增长位居首位，涨幅 20.13%，其次分别是新天地、五角场、徐家汇、陆家嘴、静安寺、南京东路等，同比涨幅分别是 16.97%、13.77%、13.38%、12.78%、11.82%、10.91%。

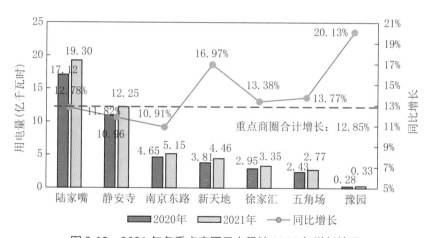

图 2-12　2021 年各重点商圈用电量较 2020 年增长情况

（二）商圈各月用电量基本实现增长

分月来看，上海市各大商圈在 2021 年的年初和年末，呈现出较高的同比增速，年中同比增速一度出现放缓。受 2020 年疫情影响，2021 年 2 至 3 月商圈用电量较 2020 年同期有大幅增长，其中以豫园商圈涨幅最为明显，2 月和 3 月涨幅高达 80%—90%；4 至 6 月份，各商圈用电量涨幅整体呈下降趋势，主要原因是 2020 年同期随着疫情逐步控制，各商家生产经营活动逐步恢复，用电量也逐步恢复，其中 6 月份重点商圈用电量同比仅增长 5.07%。到 8 月份，由于阴雨天气较多以及气温低于 2020 年同期，商圈用电量受影响较大，当月各商圈用电量基本均低于 2020 年同期，商圈整体用电量同比下滑 4.87%。9—11 月份旅游黄金季到来，叠加疫情可控、气温舒适等有利因素，居民被压抑的出游、娱乐等消费需求得到最大程度释放，各商圈经济活跃，用电量同比涨幅逐步扩大，到 11 月整体用电量同比涨幅回升至 30.11%。

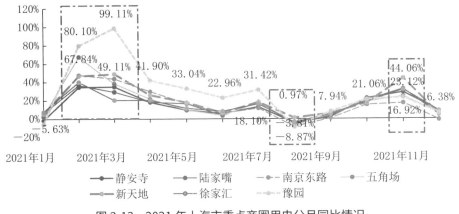

图 2-13　2021 年上海市重点商圈用电分月同比情况

（三）商圈消费经济活跃，各消费类型用电增长

分消费类型[1]来看，2021 年重点商圈各消费类型整体用电量较

---

[1] "吃"：餐饮业；"住"：住宿业；"游"：公共照明，交通运输业等；"娱"：电影、文化艺术业、体育、娱乐业；"购"：批发和零售业、仓储业。

2020 年同期增长 10.25%，各消费类型用电量均较 2020 年有所增长。其中，从用电量看，商圈内"游""购""住"类型商户用电量较多；从涨幅看，"吃""娱"类型消费最为活跃，用电量涨幅最高，分别为 31.66%、15.79%，其次是"住""购""游"，涨幅分别为 12.33%、11.61%、5.97%。

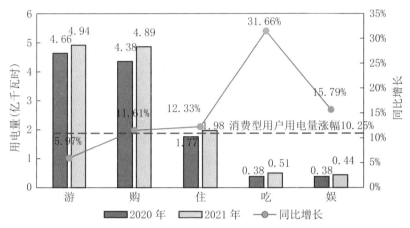

图 2-14　2020—2021 年上海市重点商圈各消费类型用电量对比

第五节　重点消费品类监测情况

一、支付端住宿餐饮消费保持较快增长

据上海市统计局数据，2021 年上海市住宿餐饮业实现零售额 1456 亿元，同比增长 22.7%，与 2019 年同期水平已基本持平。12 月上海住宿餐饮业实现零售额 117.0 亿元，较 2020 年同期小幅下降 1.26%，下半年增速整体有所放缓。

2021 年，主要餐饮类线下支付端消费共计 2404.19 亿元，较 2020 年同期增长 63.06%，较 2019 年增长 32.99%，两年复合增长率 15.32%。主要餐饮类消费于一季度和四季度呈现出高速上升，二季度和三季度则保持平稳增长，其中就餐场所和餐馆（包括快餐）增长较为平稳，包办伙食和宴会承包商、快餐店增长更为显著。

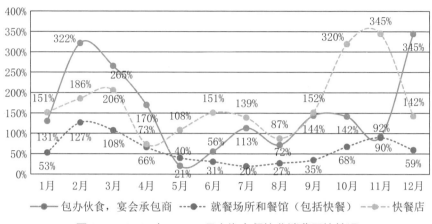

图 2-15　2021 年 1—12 月上海市餐饮业消费同比情况

二、化妆品进入高速增长期

据市统计局数据，2021 年上海市化妆品零售同比增长达 15.7%，略高于社零增速 2.2 个百分点，全年保持了较高增速。12 月上海化妆品实现零售额 126.75 亿元，较 2020 年同期仍增长 9.2%。

2021 年，化妆品线下支付端消费共计 407.35 亿元，同比增长 40.03%，较 2019 年水平增长 43.10%。得益于各类政策及活动支持，2021 年上海化妆品消费迎来爆发性增长。一方面，上海抓住疫情下的国际消费回流机遇，借助"总部经济""首发经济"等措施，引进和培植了大批优质、亲民的品牌，有效促进高层次化妆品消费增加；同时另一方面，也得益于网络直播、电商带货和场景融合等新兴业态的成熟，化妆品相关的品牌信息和口碑更容易为消费者所知悉，进一步促进线下消费的增长。

从月度走势来看，相较于 2020 年，2021 年化妆品消费增速在上半年较为平稳，除 3 月同比增速达到 45.62% 外，其余月份增速均低于 30%，且各月消费额保持稳定。进入下半年，化妆品消费进入高速增长期，8 月至 10 月环比增长均保持在 15% 以上，9 月至 12 月同比增长均超过 40%。2021 年在网络购物相对强势的第四季度，化妆品线下消费仍旧保持在高位水平。

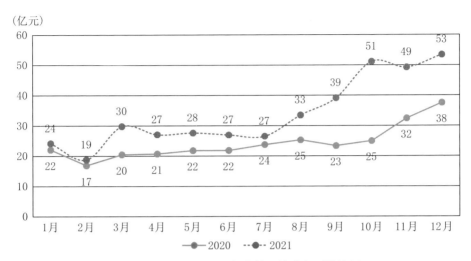

（亿元）

图 2-16　2020—2021 年化妆品消费额对比情况

三、基础消费类分化进一步凸显

我们将超市卖场、便利店、粮油食品类列为基础消费行业，2021年上海市三行业的月度走势分化明显，延续了2020年下半年以来的消费走势。在显示出基础消费类的"刚需"属性的同时，也表明向升级类消费转化的趋势日渐明显。

2021年，超市卖场同比持续走低，仅在年末11月和12月同比短暂转正。二季度和三季度是超市卖场表现最为低迷的时刻，反映出疫情进入常态化防控后，消费者前往线下超市卖场集中统一采购的需求降低，随着线上购物日趋便利、消费者购物习惯变化，线下大型实体超市的经营面对着更为复杂的局面。

与超市卖场相对，粮油食品保持着高速增长，各月同比增速保持在50%以上，全年增长95.69%，较2019年增长14.23%，2019至2021年均复合增长率为6.88%。便利店则波动相对较大，全年增长110.49%，较2019年降低13.26%。从超市卖场、便利店和粮油食品三类基础消费行业的各自升降可以看出，"大而全"的消费偏好向"小而精"转变，基础消费不再只是满足吃饱穿暖的最低层次需求，而是向满足个性化、精细化的需求发展，行业格局正在悄然发生改变。

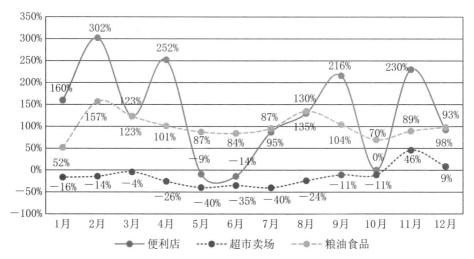

图2-17　2021年1—12月上海市基础消费类同比情况

四、汽车线下消费遭遇重挫

2020年是上海市线下汽车消费增长较快的一年，2021年初，汽车消费也一度冲上高位，1、2月同比分别达到74.9%和122.1%。然而很快汽车缺芯问题暴露出来，疫情、事故和自然灾害、贸易战，以及供应链问题，使得汽车产能恢复步履维艰。如果说3月份线下支付端同比增长8.1%只是去库存，汽车消费并未明显陷入悲观预期，那么4月份开始，销售同比一直维持在20%—50%的左右降幅，显示出线下支付端的汽车消费已进入了一个为期较长的销售低谷，市场需要一定的时间等待芯片产能恢复和供应链修复。

从支付端汽车消费的绝对数额来看，四季度销售额显示汽车消费明显的环比上涨趋势，这主要是受到传统旺季车企年终业绩冲刺影响，更低位的同比表明销售额的环比增长并不能带来线下汽车消费将要走出低谷的预期。同时，由于2022年的消费预期较2021年会有所下调，汽车生产面临高成本和低市场预期的双重压力，重新回到2020年的高增长水平仍然需要较长的时间。

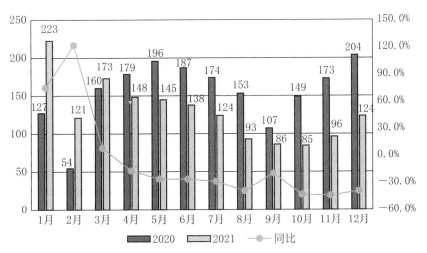

图2-18　2021年1—12月上海市汽车线下消费月度增长情况

五、珠宝首饰消费火爆

2021年是上海市珠宝首饰线下消费火爆的一年，而且从同比情况来看，珠宝首饰十足是火了一整年，全年对线下消费增长的贡献度达到27.9%。一季度，1月珠宝首饰稍稍试水，即同比增长127.5%，到2月由于2020年疫情对商业流通的严重影响，在基数较低的情况下同比增长高达500.1%，3月同比增长263.4%。一季度珠宝首饰消费的这种走势，主要是受疫情后经济环境仍然具有不确定性的影响，避险情绪升温，储值类商品备受青睐。

一季度后珠宝首饰消费额仍居高不下，尤其是5月消费创出超350亿元的高位，"五五购物节"起到了重要的推动作用。4月后，珠宝首饰线下消费仍然保持高增长，但增速开始逐步放缓，尽管如此，到年末还是轻松保持了约1倍的同比增长水平，2021全年较2020年实现184.9%的增长，较2019年实现165.2%的增长。预计在2022年的经济形势下，珠宝首饰类硬通货仍然有可能是热门选择，但整体消费额出现翻倍增长的概率较低，甚至也有可能出现同比小幅下滑。

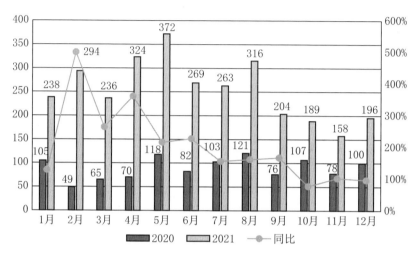

图 2-19　2021 年 1—12 月上海市珠宝首饰线下消费月度增长情况

第六节　小结与建议

一、对消费形势的基本判断

比较上海市社会消费品零售总额、大数据监测端线下消费和线上实物消费的月度同比走势可以看出：一是 2020 年和 2021 年上半年，社零和线下消费同比趋势基本保持一致，而 2020 年下半年社零恢复较线下恢复明显更快，导致 2021 年下半年计算同比时，社零上升空间有限，甚至出现小幅负增长，而线下消费同比上升空间仍然很大，由此产生了社零与线下消费月度同比的分化走势；二是若计算两年复合增长率，社零增长率为 6.8%、线下消费增长率为 5.36%，两者比较接近，可见 2021 年下半年线下消费的高增长在很大程度上回补了 2020 年同期恢复乏力产生的较低基数；三是线上实物消费明显受疫情影响较小，虽然 2021 年 9 月同比一度陷入负增长，但四季度很快转正；四是从消费运行趋势来看，2021 年疫情对消费的直接抑制作用已经基本结束，更多的是疫情引发的复杂国内外环境产生了对经济的长周期影响。如果在新的一年应对新冠疫情进一步取得积极进展，无论是社零、线下消费还是线上消费，月度同比在较窄的波动区间运行可能成为常态，较低的增长或是小幅的下跌都有较大可能，这显示消费将回归较为稳定的周期。

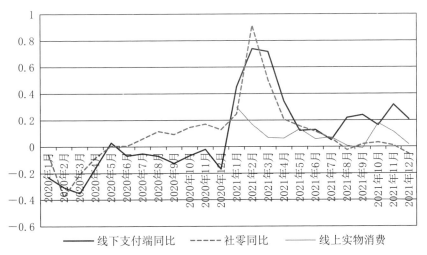

图 2-20　上海市支付端消费、社零和线上实物消费增长趋势对比

二、促消费政策的突破口和发力点

在消费增长预期偏弱的环境下，促消费政策要找到突破口和精准发力点：

高端消费方面，珠宝首饰消费不会快速退潮，对稳消费有一定的贡献作用，而最主要的突破口将是汽车消费，尽管供应链的修复仍是变数，但汽车消费升级换代需求仍然是市场可能的爆发点，直待供给侧发力，成为拉动消费上行的重要力量。尤其是新能源汽车消费仍有较大潜力，新一轮《上海市鼓励购买和使用新能源汽车实施办法》自 2021 年 3 月 1 日起施行，有效期至 2023 年 12 月 31 日，明确将对消费者购买和使用新能源汽车继续给予政策支持。

升级类消费方面，百货、服装鞋帽、电子产品等预计同比增长将自高位回落，而家电行业年内增长不及预期，且社零份额远低于北京等城市，有必要开展智能家电和节能家电推广专项行动，建议参照北京做法，出台专项财政支持政策，引导居民使用智能化、绿色节能家电用品，升级家电消费需求；此外，境外消费回流仍使化妆品行业受益，建议加强线上线下结合，除承接本地消费回流外，加快拓展国内市场，成为上海国际消费中心城市建设的标杆行业。

基础类消费方面，超市卖场年度同比增长不佳，部分市场份额被便利店、专营店等分流，面对居民对商品更加精细化和专业化的要求，以及商业模式的翻新，曾经占据霸主地位的超市大卖场将面临更加严苛的市场竞争。建议关注会员制、预付卡等现象，必要时出台引导市场健康发展的规约。

第三章

高起点建设上海国际消费中心城市的重要着力点

　　站在高起点建设国际消费中心城市，上海需要坚持自身特色、积极创新融合，充分发挥资源禀赋优势，突出高端资源集聚、市场引领力强、新兴业态活跃等优势，抓住重要着力点，推动多领域服务消费的提质扩容。而自2019 年 10 月商务部等 14 部门印发《关于培育建设国际消费中心城市的指导意见》以来，上海就已"跑步"进场，积极参与到国际消费中心城市的探索与建设中，不断做大消费流量规模，吸引高端消费回流，全面提升自身国际知名度、消费繁荣度、商业活跃度，已在高端消费、首店首发、夜间经济等方面取得阶段性成效，交出了亮丽的成绩单。具体来看：

　　高端消费在上海消费市场取得了繁荣发展。2020 年，上海国际奢侈品牌批发和零售对应的社零总额约 2200 亿元，超过中国奢侈品市场零售总额4259 亿元的一半。上海凭借消费中心城市地位每年吸引 400 万高端消费者，有望成为全球奢侈品价格最具竞争力的城市之一。

　　首店首发已经成为上海消费市场最活跃的市场因素。2021 年新开 1078家首店，同比 2020 年增长 18.6%，在激烈的创意比拼下，首店首发已经成为上海商业创新基因的标志性表达，书写着上海商业的一个又一个传奇故事。

　　夜间经济的蓬勃兴起不仅为上海注入了新的活力，也在传播着一种文化和生活方式。与对标城市比较，上海夜间经济发展水平较高，在夜间出行活跃度和夜间灯光强度方面位列全国第一，同时拥有夜间休闲设施、夜间演艺等领域良好的基础。加强社区夜间服务将为市民带来更多实惠。

零售物业市场也迎来了稳健发展的一年，多数物业租金小幅上涨，新开物业的空置率较低，从供给侧印证了上海消费的稳健增长。重点商圈放低身段，在保持空置率稳定的情况下，租金中位数有所下降。

如约而至的第二届"五五购物节"仍为上海带来了不少惊喜，2021年5月至6月上海消费的总体增长中，有7.65%的增长来自"五五购物节"的活动效应，其中对珠宝首饰的促消费作用尤为显著。满满的政策收益，展现了上海消费市场的潜力，也增添了建设好国际消费中心城市的信心。

第一节　高起点打造上海高端消费市场

数据显示，2020年受疫情影响，全球个人奢侈品市场交易额同比大跌23%，唯独中国奢侈品消费逆势上扬，猛涨48%至3460亿元。根据贝恩（Bain）咨询公司与意大利奢侈品行业协会（Fondazione Altagamma）联合发布的第19版《贝恩奢侈品研究》预测，到2025年中国将成为全球最大的奢侈品消费市场，占全球销售额的50%。随着国家在出入境便利、支付便利、离境退税、免税业发展等方面出台更多利好政策，以上海市、三亚市、北京市、重庆市、深圳市、杭州市为代表的城市都在摩拳擦掌，布局高端消费中心建设，抢抓海外消费回流的机遇。

一、上海高端消费市场发展基本情况

（一）疫情后上海消费市场迎来高端消费发展新机遇

一是从服务国家战略的角度来看，加快城市消费转型升级，助推形成以国内大循环为主体、国内国际双循环相互促进的新发展格局。高端消费中心是高端消费资源的集聚地，是一个区域乃至全球消费市场的制高点，如纽约、伦敦、巴黎、东京，无一不是国际高端零售消费中心。2021年1月31日，中办、国办印发的《建设高标准市场体系行动方案》公布。方案提出，

完善引导境外消费回流政策。鼓励重点城市增设一批离境退税商店，在确保有效监管、风险可控前提下，在符合条件的离境退税商店推广开展"即买即退"业务。相信随着相关政策的不断出台，会推进高端零售消费成为消费经济的新增长点。目前，上海提出要成为国内国际双循环的战略链接，加快建成高端消费中心，能够在满足居民消费升级需求的同时，留住外流的中高端消费红利，增强经济增长新动能，畅通国内大循环，为国内就业、税收作贡献。

二是从经济贡献度的角度来看，高端消费品在上海社零中的占比提高，且潜力巨大。上海作为中国奢侈品第一重镇，以奢侈品牌为主的国际品牌对城市消费的贡献远大于其他城市。疫情期间，在全国各城市社零普遍下滑之时，2020年上海实现社零额1.59万亿元，同比增长0.5%，其中以国际奢侈品牌为主导的高端消费品销售的快速回暖和增长，对整体增长起到重要的拉动作用：通过对零售企业和零售终端线下和线上重要渠道的统计，上海市奢侈品销售额总计约为850亿元，其中爱马仕和路易威登的2020年销售额整体增速在100%以上，古驰的增速也超过60%。

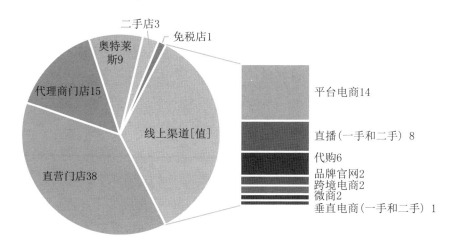

图 3-1　上海奢侈品销售渠道分布（单位：%）[1]

---

[1] 图中"二手店"指实体经营的二手商店。图中垂直电商中的"二手"指通过线上直播电商卖的二手产品。

国际奢侈品牌公司例如路易威登、历峰、香奈儿、爱马仕、古驰等中国总部均注册在上海，奢侈品年度销售额，为上海社零总额贡献大约 2200 亿元，超过中国奢侈品市场零售总额 4259 亿元的一半，占 2020 年上海社零额的 14% 左右，而 2019 年奢侈品牌贡献的上海社零额是 1470 亿元，占当年社零额 13497 亿元的 11% 左右，可以看出，上海奢侈品行业不仅远超其他城市，也远超其他行业的增速，2020 年在上海社零额的占比相对提高约 3 个百分点，奢侈品行业成为上海 2020 年消费增长的最大动力。

三是从城市显示度的角度来看，打造高端消费中心的过程显示了城市综合能级的提升。除了在消费"硬件"上提升外，入境签证的便利化、国际化商圈的打造、城市生态环境的优化、自身人文自然禀赋的挖掘等消费"软件"的提升亦是关键。从更长远的时间维度看，国际消费中心城市的消费潜力也来自对境外游客的强大吸引力，其良好声誉也主要来自外部世界的评判。在全球疫情获得有效控制后，升级更新的中国消费市场，也将更好地吸引全球消费者眼光，最终推进国际国内"双循环"。

（二）上海率先建成高端消费中心的优势

1. 国际品牌店数量全国居首

截至 2020 年，累计有超过 6000 个国际品牌进入中国市场，其中，2020 年一年就有约有 3000 个品牌进入，包括 100 多个国际知名奢侈品牌，500 多个家族品牌、新兴设计师品牌和各种类型潮流品牌，600 多个生活方式品牌，以及数量众多的各类大众消费品品牌。

目前，国际品牌已经成为上海消费者优质生活消费的主体，在消费升级背景下，拥有和中国品牌同等重要、不可忽视的价值和地位。进入中国市场的国际品牌中，大约有 1200 个国际品牌曾经在上海开店并开展业务，数量居全国第一，特别是近 10 年，进入上海的品牌数量远超其他城市。

2. 高端消费群体云集

上海地处中国经济最发达的长三角经济圈中心，不仅对华东地区具有消费辐射力，也是全中国人最重要的旅游消费城市，特别是高端消费者的旅游和消费的国内首选。根据调研，我们列出了中国高端消费者上海消费愿望排行榜，即高端消费者到上海最主要的消费项目，其中86%的被访人群选择了奢侈品购物。中国有净资产千万以上高端消费者大约400多万，其中超过120万在上海有投资或购置固定资产，这些群体是上海高端消费的主力人群，主要来自浙江和江苏，以及北京、福建、山东等省份。这400万高端消费者，虽然只占中国总人口千分之三，但是贡献着62%的奢侈品消费额，也是上海奢侈品消费的核心力量。

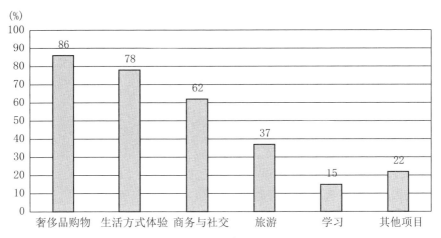

图3-2 中国高端消费者上海消费愿望占比

3. 奢侈品首店首选之城

消费市场大数据实验室（上海）数据基地要客网络科技有限公司研发的城市奢侈品牌首店竞争力模型，其中品牌调研打分占40分，奢侈品牌入驻数量占30分，奢侈品牌核心客户数量（千万以上净值消费者数量）占20分，奢侈品总部数量占10分，基于打分统计出该城市品牌竞争力指数。上海在四个评价维度中，除奢侈品牌核心客户数量指标排第二外，其余指标均遥遥领先。根据测评，中国城市奢侈品牌首店竞争力排名依次为：上海、北京、杭州、广州、深圳、成都、三亚、南京、重庆、宁波。上海是当之无愧的中国最具奢侈品牌首店竞争力城市，北京紧随其后，其他城市分差差距较大。榜单显示国际品牌首店具有向一线城市高度集中的特点。

二、存在问题

（一）高端品牌数量有待进一步扩充

尽管根据国际品牌在全国的布局分析，上海是对奢侈品牌最有吸引力的城市，目前上海的奢侈品牌仍有很大的扩充空间。特别是日后线上渠道将成为奢侈品牌开设店铺的首要选择，各城市间的争夺战蓄势待发。相较于线下店铺的聚集成为高端消费的地标，线上店铺不受空间束缚，更能够体现城市消费的软实力。上海线上电商平台和自媒体的布局在奢侈品销售方面并没有明显的优势，未来可能成为制约上海成为高端消费品集聚地的障碍。上海需要尽早行动，基于现有优势扩充高端品牌数量，进一步巩固奢侈品消费第一城的地位。

（二）对奢侈品牌零售模式转变准备不足

随着与互联网＋的深度融合，奢侈品牌的零售模式也出现新特点，将由以线下门店零售为主的模式向一城一店模式转变。奢侈品牌将更倾向于开设独立门店而不是入驻商场或百货，5000平方米甚至几万平方米的物业将成为热门选择。奢侈品牌选择线上首店，将优先考虑具有电商功能的媒体平台，其次才是电商平台。目前上海尚未制定有针对性的商业规划，同时线上媒体平台资源不占优势，应对奢侈品店零售模式的新变化略显准备不足。

三、对策建议

（一）加强统筹规划，提供良好消费体验

加强高端消费与城市规划、旅游产业发展规划、交通规划、内贸规划的统筹衔接，提高宣传力度和政策透明度。可结合国际消费中心城市建设和自贸区试验区建设等，在大型商场和主要旅游景区，加强高端消费品商业布局。加强对高端消费人群的跟踪调查，在产品丰富度、购买便利度、服务满

意度等方面着力营造世界顶尖的高端消费环境，让国内外消费者感受到良好的消费体验，打造全世界为之向往的品质消费高地。

（二）打造时尚风向标，扩大国际影响力

打造更多可以在全球奢侈品行业或高端消费领域产生深刻和巨大影响的标志性事件，如举办全球最具影响力的活动或展会，建立全球第一个奢侈品牌博物馆，建立全球第一个奢侈品牌定制服务中心，建立一套全球奢侈品牌公认的奢侈品牌评价体系等。上海还可以开发建设适合国际奢侈品牌的体验中心和活动中心，打造一批时尚地标，为奢侈品牌各类活动和展会提供方便条件和支持，提升国际品牌入驻热情。

（三）优化营商环境，提升业界话语权

进一步完善营商环境，增加奢侈品牌相关配套服务，开展有针对性的商业规划，在土地供应、人才政策、税收政策等方面制定相应的引导措施。顺应互联网＋潮流，扶植具有国际影响力的奢侈品行业独角兽企业，特别是互联网平台服务型公司、奢侈品牌管理运营公司，吸引国际高端消费品牌的中国总部或区域总部落户。充分利用区域辐射力，让华东地区的巨大消费力成为上海作为全球消费中心的巨大助力，共建长三角高端消费共同体，提升上海在全球中高端消费领域的影响力和话语权。

第二节　高起点打造上海首发经济

2021年，上海市以率先培育建设国际消费中心城市、深化提升新一轮打响"上海购物"品牌为契机，加快培育首店经济，提升首店首发能级。在首店市场白热化竞争阶段，上海以其自带的多元文化基因和国际化氛围持续保持首店经济发展的韧性和生命力，首店赛道建设成效显著。

首发经济是指推动全球新产品、新服务、新技术、新业态、新模式首发，能够引领国际消费理念和消费潮流的经济活动，作为"首发经济"最早的入局者和提倡者，上海已通过数年来的尝试摸索，确立了自身的优势，2021 年是成果丰硕的一年。

一、首发经济发展基本情况
（一）首店在全市的发展和分布

从数量来看，上海首店在 2021 年保持稳定增长态势，首店数量再创新高。全市 2021 年共计引入 1078 家首店（含旗舰店 / 概念店），同比 2020 年增长 18.6%。其中一季度上海有 227 家首店开业，同比 2020 年一季度疫情严重时期大幅增长 272.1%，但与 2019 年同期 259 家首店的成绩相比仍然偏弱，同比下滑 12.4%。二季度以来，随着国内疫情的持续稳定，上海首店市场上升势头增强，新开店数量达 272 家，同比 2020 年上涨 5.0%。三季度上海迎来首店爆发季，首店数量达到了 311 家，环比增速达 14.3%，但同比 2020 年下滑 4.6%，成绩略微逊色。四季度新开首店 268 家，同比增速为 1.9%。新消费浪潮下，首店经济的竞争已进入白热化阶段，上海以其自带的多元文化基因和国际化氛围持续保持首店的吸引力和活力，2021

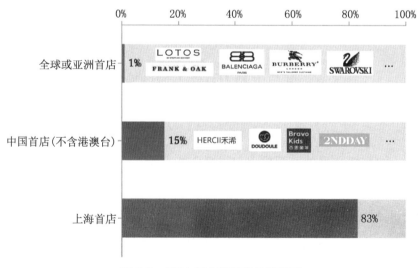

图 3-3　2021 年上海首店品牌级别

年整体增势表现突出，反映出上海首店经济发展的韧性和生命力。

从首店品牌属性来看，上海 2021 年国产品牌占比上升，海外品牌属国丰富度、品牌级别均与 2020 年情况相当，首店集中分布在 7 个行政区。品牌属地方面，中国（大陆及港台）品牌、海外品牌的首店家数分别为 904 家、174 家，二者占比分别为 83.9% 和 16.1%，与 2020 年相比，国产品牌占比提升 4 个百分点。海外品牌来自 22 个海外国家，与 2020 年水平相当，反映出上海稳定的海外影响力和国际品牌号召力。品牌级别方面，全球或亚洲首店、中国首店（不含港澳台）、上海首店数量分别为 14 家、167 家和 897 家。从首店选址来看，新开首店主要集中分布在黄浦、静安、浦东、徐汇、长宁、闵行和虹口 7 个行政区，以上各区首店家数均高于 80 家，其首店数量之和在全市占比高达 88%。

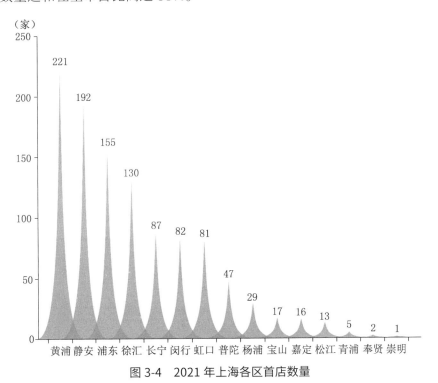

图 3-4　2021 年上海各区首店数量

总体上，首店的商圈头部效应依然明显，南京西路、淮海中路、南京东路、陆家嘴、徐家汇、北外滩、瑞虹、前滩、大宁、中山公园十大商圈捕获全市 2021 年近一半的首店，吸引了超九成的全球或亚洲首店。热点商圈中，南京西路、淮海中路分别吸纳 109 家和 73 家首店，遥遥领先于其他商圈，南京东路、陆家嘴、徐家汇首店数量也均在 50 家以上，分别收获 54 家、51 家、50 家首店。

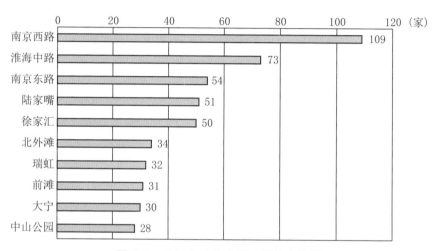

图 3-5　2021 年上海主要商圈首店数量

从品牌级别来看，2021 年开业的 14 家全球或亚洲首店中，南京西路、淮海中路、南京东路、陆家嘴和徐家汇五大头部商圈包揽 11 家。处在数量第一梯队的南京西路和淮海中路商圈在品牌号召力方面头部效应非常显著，两大商圈占据 7 家全球或亚洲首店。中国首店更是有 38% 被五大头部商圈包揽，头部两大商圈占比两成左右。其余商圈多以上海首店为主，品牌级别与头部商圈存在明显差距。2021 上海头部商圈高端品牌首店云集，文化消费、体验消费、绿色消费等消费新赛道释放首店新动能，首店聚集、引领和创新能力稳步提升。

（二）上海首店的发展趋势

1. Z 世代成首店经济新引领，新消费热潮势不可挡

基于 Z 世代消费者对创新、时尚、潮流的强追逐意愿和高消费实力，Z

世代人群已成为首店经济的重要目标群体。"Z 世代"重精神、价值、场景消费，新的消费理念和消费习惯引领下，国潮消费、健康消费、绿色消费、小众文化消费等多元新消费风潮成为首店经济发展的关键词。本土品牌依靠自身的创新力掀起阵阵国潮热，借助首店经济新生态孵化新品牌，实现快速出圈；碳中和共识下，大环保、大健康等绿色消费新业态备受年轻一代消费者青睐，例如新引进上海的品牌 RE 首店以骑行时尚及健康生活方式为主打特色，前滩太古里的星巴克全球首家环保实验店"向绿工坊"推出"绿色门店"认证体系；潮玩圈、电竞圈、JK 制服圈、滑板圈等小众业态开始走进大众消费，聚集电竞、二次元动漫文化、新零售、新文创等创新业态组成的商业"新势力"正重新定义全新消费热潮。

2. 首店经济竞争加剧，场景创新成为流量新密码

近年来，上海新开首店数量稳步增长，2021 年上海首店数量成功突破1000 家，重量级品牌不断涌入，各式新创品牌、网红打卡店、国潮店、文化消费、体验消费等迎来爆发式增长，餐饮细分业态成新趋势，综艺节目衍生餐厅成新网红，首店市场流量竞争加剧，差异化创新场景和消费体验成为首店品牌发力方向。

位于武康路的 gathering 集雅中国首店，将西式咖啡与中国传统文化结合，打造出另类文化空间；淮海中路的韩国 HAUS SHANGHAI 旗舰店以"从未开启的未来"全新体验式消费概念，最大限度凸显零售空间的体验性，以在年轻社群中始终保持话题热度；北外滩来福士引入全球首店智己品牌体验中心 IM IN，以沉浸式体验空间为主调，通过 7 大场景交互式、"五感体验区"等设计手段，使到店客户身临其境的体验智己独立剧院般的视听享受。国际国内知名品牌、新创流量品牌基于其原经营业态，将品牌特色与所在地城市文化、市场特点相结合，充分融入创新型消费场景和消费体验，突破同质化竞争，满足个性化消费，实现线上线下场景良性互动，让消费者全方位、多感官参与消费过程，成为首店引领上海新消费风潮的重要发力点。

高能级首店正引领未来业态发展，例如新增书店类型的首店均往细分行业发展。传统书店市场已经较为饱和并面临来自线上购物的冲击，因此书店类首店多从"大而全"转向了"小而精"，以有限精力专注于细致维度，形成更忠诚的客户群体。例如 1925 书局主打红色文化与党建功能、卷宗书店致力于成为中国最有效的建筑文化基地、主攻电影的库布里克书店、交大书院依托于上海交通大学和交大出版社、中信书店与麦当劳联合打造儿童和亲子主题书店。近期涌现的书店类首店，已经具备了策展、讲座、新闻分享、社群交流等文化功能，同时融入了餐饮、小剧场、文具周边等复合业态。

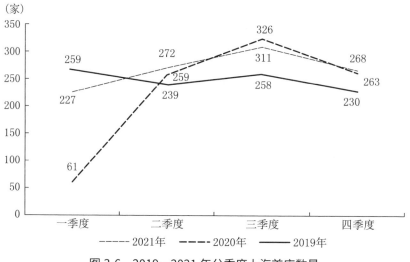

图 3-6　2019—2021 年分季度上海首店数量

3. 核心商圈齐头并进，近郊商业体逐渐发力

上海首店集中分布的多个核心商圈齐头并进，重量级首店品牌集聚核心商圈标杆商业体，城市外围近郊新开项目成城市首店收割机。知名度高的核心商圈更能把握前沿消费趋势，辐射客群更为广泛，成为全球首店、亚洲首店以及全国首店进驻的第一选择；而上海首店则更加偏向客群精准的区域商圈，北外滩来福士、瑞虹天地太阳宫、漕河泾印象城、恒基·旭辉天地、前

滩太古里、MOHO、大宁久光等重点新项目在首店引进中逐渐发力。2021年上海市引入首店超过20家的商圈多达13个，未来全市首店入驻格局或更趋均衡。借助首店经济，新开商业体可以迅速实现流量聚集，老牌购物中心可以加速转型升级，培育商圈新竞争优势。

（三）首发经济的发展情况

1. 引领首发经济标准制定与落地应用

截至2021年12月，上海市质量和标准化研究院、上海企业竞争力研究中心与上海市商业联合会已联合编制并发布4部团体标准，分别为《首发经济评价通则 第1部分：引领性品牌》《首发经济评价通则 第2部分：引领性品牌新品》《首发经济评价通则 第3部分：引领性品牌首店》和《首发经济评价通则 第4部分：活跃指数》，从竞争力、成长力和影响力等方面为首发经济的活力与健康度量化评估。

在这套国内首创标准基础上，2021年4月30日于"2021上海全球新品首发季"仪式上现场发布2020年度的"上海市首发经济活跃指数"，形成在首店之外、评估首发经济运行的创新体系。评估显示，2020年度上海首发经济活跃指数为87.1，其中活力指数为86.2，成长力指数为87.6，影响力指数为87.8，与2020年上半年相比，全年首发经济活跃指数稳步提升。

2. 活跃品牌联动，形成首发经济硬实力

从2020年到2021年，两届"上海全球新品首发季"的运行愈发成熟、品牌"朋友圈"不断扩大。2020年共计约包含40余家国内外知名企业、80多个知名品牌，密集举办超过110场新品首发活动，全市170多个老字号品牌集中推出了2000多款新品。而在2021年，则是有600余家国内外知名品牌积极参与，主题日活动同样达到百余场，首发新品数量增长至近3000款[1]，其中"上海国际美妆节""上海潮生活节""时尚定制周"和"上

---

[1] 据网络公开媒体报道整理得到。

海红品节"四大主题活动各有特色，进一步丰富首发经济的业态类型，提升消费者的购物体验。老字号品牌也在加速焕新，"国潮大变 YOUNG"老字号促消费系列活动成功举办，1168 款老字号新品开展首发首秀。网络新消费品牌建设提速，天猫 Top500 新品牌中，上海有 90 个，数量居全国城市首位。

丰富的中外交流和展会活动也为首发经济带来良好发展契机。于 2021 年 10 至 11 月举行的"拥抱进博首发季"系列活动中，既有一批国际奢侈品集团和化妆品企业实现"全球首发、中国首展"，也有众多引领性本土品牌掀起国货风潮，开展新品首发主题活动超过 100 场。其中于全市范围开展的 16 场国别商品文化缤纷月系列活动，涵盖美妆、生活用品、酒类、食品等主题的 500 多个品牌、超 2000 多个进博单品，让首发经济具备充足底气和硬实力。

3. 活用数字赋能，增强首发经济软实力

在发展建设首发经济的过程中，上海始终秉持"人民城市人民建，人民城市为人民"理念，将消费者兴趣与反馈放在首要位置。利用数字化赋能升级，打通线上线下消费堵点，从而有效扩大首发影响力，优化消费者体验。

在扩大首发的可及性和知名度方面，2021 年 1—10 月各主流媒体对本市 158 家引领性本土品牌宣传报道已达到 363 篇次，引发消费者对其关注与兴趣。而在"上海全球新品首发季"上推出的"超敢开新"直播服务平台以"带好货""好公益""好品行"为准则，聘任众多网络红人作为新品推介官，向广大消费者推介最新、最潮、最红的"好物"，为国内外品牌首发赋能，为首发经济增添了新玩法与活力。

消费者评价也成为首发经济评估的重要一环。在《首发经济评价通则》中，"品牌美誉度""消费者权益"和"社会公益"均得到强调，涉及消费者对各品牌的感知、好感度以及品牌自身的社会责任感。在"2021 上海全球新品首发季·红品榜"的评选中，围绕人气旺的首店、卖得火的新品、消费

者关注度高的品牌等，从商品、品牌、首店到新品发布载体等维度，就经过了消费者网络投票、专家论证等环节，经过社会公示入围名单后，再进行公布和持续宣传。

4. 政策支持，助力首发经济成长

截至 2021 年底，已有浦东、黄浦、静安、徐汇、虹口、长宁、奉贤七个区成为全球新品首发地示范区，同时长宁、普陀、虹口、松江、宝山、奉贤等区以及虹桥国际中央商务区出台支持首发经济和首店落地的相关配套政策，其中虹桥国际中央商务区对新品首发等进口贸易高端活动费用最高支持80 万元，长宁区对获评为上海市引领性本土品牌、引领性创意品牌的企业，分别给予一次性扶持 10 万元、5 万元。

细化来看，从品牌建立到打响知名度，上海已基本形成了涵盖首发经济全周期的保障体系。在知识产权保护方面，上海市商务委联合市知识产权局，于 2021 年 12 月共同发布首批首发经济《上海市重点商标保护名录》，加大首发经济引领性本土品牌注册商标的长效保护力度。同时在新品首发季活动期间，除小红书、抖音等专业机构提供直播资源和传播支持，人保财险、农业银行、中国银联等机构也积极参与其中，为各类品牌提供财产保险、金融支付、品牌推广等服务，帮助国内外品牌全身心投入新品首发活动。

二、存在问题
（一）首店引入难度加大，标准化与全局性政策缺席

首店经济作为激发消费动能、提升商业活力、促进消费升级的重要支撑，已成为各大城市建设国际消费中心城市的重要发力点。各一二线城市纷纷推出全流程经济扶持和管理政策，加速首店经济扩张，各城市间首店争夺战愈演愈烈。近年来，上海市已开创性提出许多新政策，如发布首批首发经济《上海市重点商标保护名录》，加大首发经济引领性本土品牌注册商标的

长效保护力度，推行"一照多址"政策赋予企业更多自主权等等，各区级政府也相应出台部分支持政策，但整体来看，上海市仍缺乏系统化、标准化、全局性的首店和首发经济规范政策和扶持标准，各区政府政策的差异性较大，易造成政策间的套利问题。并且上海对首店经济的扶持政策主要聚焦在选址落地服务、参展推广和部分享受本市总部经济政策方面，对首店品牌孵化和后续运营发展缺少持续关注与相应政策支持。

（二）首店含金量差异大，"网红"不易变"长红"

随着首店经济的不断发展，线上线下形成了良性互动。部分实体首店借助粉丝经济和流量效应成为网红打卡地，通过微信、微博、小红书、抖音等社交媒体有效放大了品牌效应，提升了销售规模。同时数字经济和首店经济的结合催生了"数字化首店"，部分品牌直接选择在线上首发，抓住流量，吸引眼球，给首店经济注入了新的活力。但部分"网红"首店仅重视营销和流量，在经历爆红之后很快进入下沉期，"生命期"十分短暂，品牌含金量较低。将品牌流量和经营内容及产品品质的持久创新有机结合，注重品牌的后续发展的首店经营仍然较少，难以守住市场并满足消费者的长期需求，也就难以孵化出"长红"品牌。

根据商业地产志对中商数据的持续追踪，截至2020年8月，2019年上海全市所引进的986家首店中有20%门店已停业或迁址，40%首店品牌目前继续维持唯一店的状态，另外还有40%左右的首店则在积极拓展后续门店。而2022年的疫情反弹，或已产生更为剧烈的影响。

（三）本土餐饮品牌集中，进入门槛低且竞争力不足

上海首店品牌数量中，本土品牌虽然占据绝大多数，但在与国际品牌的竞争中，本土品牌在品牌知名度、品牌层次方面却处于劣势。对于发展潜力巨大但是初期实力有限的本土品牌的首店，缺乏连贯性的培育和激励政策。海外品牌约66%集中于零售业，本土首店品牌中稳扎稳打的零售业占比较少，而67%的品牌属于门槛低、短生命周期的餐饮业，这是本土首店品牌含金量较低的体现。此外本土品牌的发展还欠缺国际视野，需要进一步发挥首店的示范效应，带动自身商业创新力、竞争力和影响力跃上新水平。

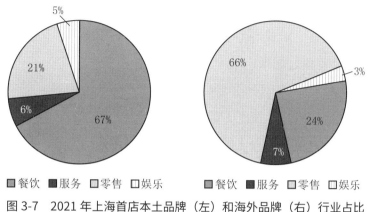

图 3-7　2021 年上海首店本土品牌（左）和海外品牌（右）行业占比

三、对策建议

（一）整体政策标准统一，各区政策因地制宜

扶持和管理政策要从全市层面着手，奠定基调、统一标准、设定底线，做到整体政策标准统一、各区政策因地制宜，市区两级政府相互协调，共同完善首店经济政策体系。此外，政策的出台要重精细化，更要重机制创新，围绕事前新品研发、新品首发、新店落户、载体建设，到事中的示范性首店评选及奖励，再到事后的品牌接续培育等方面制定系列扶持政策。各区政策要"软硬兼施"，既要坚持统一标准，又不排除"特事特办"，敢于打破常规，例如为保证星巴克烘焙工坊这个创新业态首店的落地，上海就在多部门协同创新下打破原有审批规则和流程，创立了新的机制和标准。

（二）支持首店提质，推动"网红"变"长红"

在前期的首店品牌引进上需注重品牌内涵和产品服务质量，注重首店培育过程中的创新激励，避免同质化竞争导致的流量转向。政策导向要注重首店的长远发展，积极营造良好的营商环境，在工商、税务、知识产权保护、品牌宣传等方面给予高效灵活的政策支持，关注经营过程和品牌孵化，注重品牌形象培育。各类品牌要积极融入市场、对接市场需求、不断创新提质，为消费者提供更优质的服务和更独特的体验。引导集聚发展一批具有国际影响力的品牌咨询等第三方专业机构，健全新品发布专业服务体系，让优质首店在城市真正扎根，不断拓展知名度和美誉度，进而成为"长红"店。

（三）借助首店反哺本土品牌，孵化引领性本土首店

重视引入和培育具有较强品牌号召力和消费带动力的本土品牌首店，尤其是本土创新品牌首店。在现有优惠政策基础上，可以对具有发展潜力的本土品牌给予更大力度的政策优惠倾斜，结合长三角时尚消费产业链的整合和联动，有计划地培育本土引领性首创品牌和老字号衍生首店。引导社会资本通过投资、提供租金优惠、入股等方式，为本土创意优秀人才提供首店创业支持，借助首店经济反哺本土品牌，推动上海本土品牌首店和海外品牌首店百花齐放。

第三节　高起点打造上海夜间经济

2021 年为推动夜经济发展，上海下了大功夫。"六六夜生活节"期间，88 家重点监测企业 6 月夜间销售、客流分别同比增长 22.1%、22.3%，上海夜生活综合指数位列全国第一。上海将夜生活活动向全球推介，联合小红书、美团、哔哩哔哩、抖音推出 6 位"夜生活推介官"，推出 6 条主题线路，网络浏览量达 3 亿人次。此外，编制完成本市首个夜间经济发展行动指引，构建 1 + 15 + X 夜间经济整体空间布局，围绕"一江一河"，首次规划提出打造黄浦江—苏州河交汇处世界级水岸夜生活体验区。

一、夜间经济发展基本情况

（一）疫情后上海夜间经济活力复苏情况

本节数据来自第一财经·新一线城市研究所，相关数据曾发布于上海市商务委、上海市文化旅游局等共同主办的"2021上海夜生活节"。通过酒吧数量、夜间电影场次、夜间出行活跃度、Livehouse 数量、夜间灯光值强度、公交夜间活跃范围和地铁末班车平均结束时间 7 个数据维度，评估全国 337 座城市的夜间活力，上海稳居全国首位，夜生活指数领先排名第二的深圳市近 10 分。

表 3-1 "2021 知城·夜生活指数"综合排名前 10 的城市

城市	酒吧数量	夜间电影场次	Livehouse 数量	夜间出行活跃度	夜间灯光强度	城市公交夜间活跃范围	地铁平均末班车时间	夜生活指数	全国排名
权重	0.2	0.15	0.15	0.15	0.05	0.15	0.15		
上海	82.47	96.05	69.96	100.00	100.00	32.12	96.32	100.00	1
深圳	64.08	100.00	36.57	82.76	76.41	58.77	98.84	90.68	2
成都	100.00	69.72	43.29	92.98	45.01	12.95	98.34	86.53	3
北京	76.62	66.14	100.00	49.91	67.47	17.00	97.31	84.55	4
广州	62.24	96.53	31.45	54.87	63.27	35.52	98.04	78.10	5
重庆	58.89	53.65	19.96	95.85	32.32	14.47	95.99	68.52	6
杭州	45.65	63.45	21.55	42.32	36.98	16.93	99.17	58.70	7
武汉	34.94	45.24	20.14	55.68	45.01	29.42	98.49	57.57	8
东莞	44.99	47.37	4.59	45.54	83.34	27.17	96.74	57.31	9
苏州	44.99	42.56	15.19	51.81	88.33	11.46	96.12	56.82	10

数据来源：第一财经·新一线城市研究所。

1. 上海夜生活需求强劲，夜间出行活跃度和夜间灯光值强度位居全国城市首位

夜间活力复苏情况良好。常态化防控疫情背景下，2020 年上海夜间出行人数相比 2019 年依然增加了 92.36 万人。每天 20 点后，上海平均出行人数约有 421 万人，占全天出行人数的 17.67%，位列全国首位。夜间灯光亮度遥遥领先，高于第二名北京约20%，但夜间亮灯区面积占比仅为54.69%，位列全国第6，落后于东莞、中山、深圳、佛山和厦门5个南方城市。

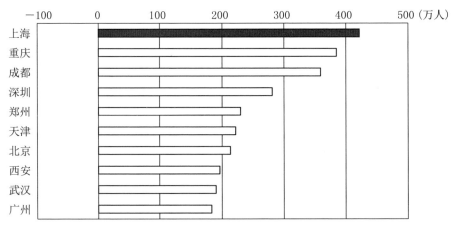

图 3-8　2020 年夜间出行人数 TOP10 城市

数据来源：第一财经·新一线城市研究所。

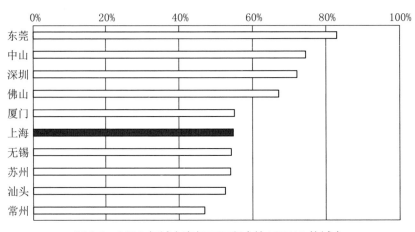

图 3-9　2020 年城市亮灯区面积占比 TOP10 的城市

数据来源：第一财经·新一线城市研究所。

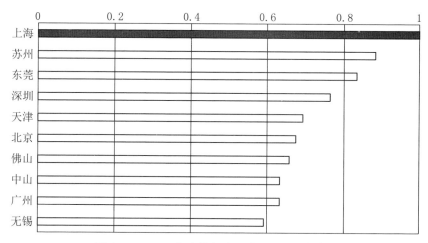

图 3-10 2020 年夜间灯光强度 TOP10 的城市

数据来源：第一财经·新一线城市研究所。

2. 上海夜间供给优势明显，酒吧数量、Livehouse 数量和夜间电影场次排名靠前

酒吧数量全国第二，截至 2021 年 1 月，上海共拥有酒吧 2018 家，低

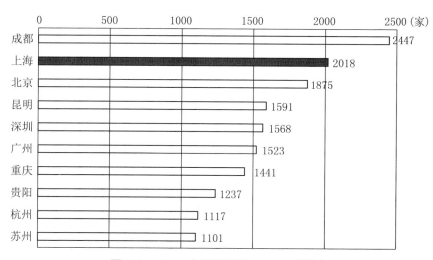

图 3-11 2020 年酒吧数量 TOP10 的城市

数据来源：第一财经·新一线城市研究所。

于成都的 2447 家,但相比上一年,上海共新增酒吧 110 家。Livehouse
数量全国第二,2020 年上海有演出的 livehouse 共计 396 家,低于北京的
566 家,但相比 2019 年增加了 164 家,增幅高达 71%。夜间电影场次全国

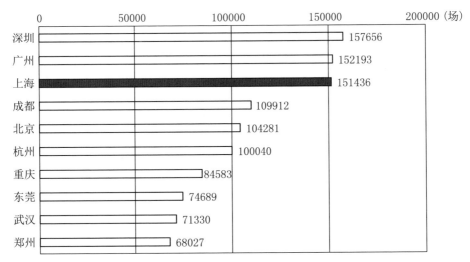

图 3-12 2020 年 21:00 后夜间电影场次数量 TOP10 城市

数据来源:第一财经·新一线城市研究所。

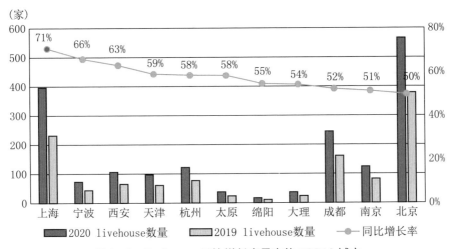

图 3-13 livehouse 同比增长率最高的 TOP10 城市

数据来源:第一财经·新一线城市研究所。

第三，2020年上海晚上21:00以后开场的电影共计151436场，略低于深圳的157656场和广州的152193场。

3. 上海夜生活配套服务有待提升，城市公交夜间活跃范围、地铁平均末班车时间排位靠后

城市公交夜间活跃范围位列全国20位，截至2021年3月，上海22点至次日早上6点有公交线路运营的覆盖面积占所有公交线路覆盖面积的32.12%，位列全国第20位。深圳和广州覆盖面积占比分别为58.77%和35.52%。地铁平均末班车时间位列全国20位，截至2021年3月，上海地铁平均末班车时间为22:59:56，排位较为靠后，排名前3的城市，乌鲁木齐为23:52:42、杭州为23:40:46，深圳为23:36:09。公共交通是城市夜间出行的重要保障，也是上海还有待提升的领域。

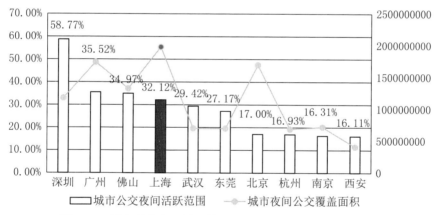

图 3-14 城市公交夜间活跃范围 TOP10 的一线及新一线城市

数据来源：第一财经·新一线城市研究所。

（二）夜经济重点领域发展情况

1. 工匠精神接续传扬，夜间经济软实力进一步提升

2021年"六六夜生活节"期间，首次发布由网易音乐制作的夜生活节主题曲《夜上海》，并推出微型纪录片《夜生活造梦师》。《夜生活造梦师》

记录了上海"啤酒阿姨"张银娣、首家深夜书店"大隐书局"创始人刘军、知名夜跑组织 Dark Runner 创始人周圆、浦江游览项目悦星文旅负责人陈星言、夜生活地标"外滩枫径"负责人陈健豪、Found158 酒吧街区负责人周文等 6 位诠释"夜上海"创新精神的人物故事，目前，主题曲和微型纪录片网络浏览量已达 3 亿人次，通过城市夜晚各行各业的新时代"工匠"生动挖掘夜间经济的"软实力"。例如，58 岁的"啤酒阿姨"张银娣从一家小杂货店转型为拥有来自 67 个国家、上万种品种的精酿啤酒连锁店，因为秉持"上海阿姨要把它做到老灵光，这才是上海阿姨的腔调。希望让老外一看见他们家乡的啤酒，都会有一种亲切感"。上海还通过公益活动传递城市温度，上海联劝公益基金会首次联合外滩枫径、思南夜派对等热门夜市开展"童一个梦·绘聚爱"活动，推广"宝藏小屋"这一为外来务工人群子女提供夜间学习陪护空间的公益项目，邀请接受公益支持的儿童来到夜市与艺术家开展涂鸦艺术共创，吸引了众多消费者共同参与，两场活动共筹集 1584 笔公益款项，积极传递夜上海的公益温度、"人民城市"建设理念。

2. 绿色出行助力夜间商业，创新联动新模式多点开花

数据显示，上海夜间出行活跃度位居全国城市首位，每天 20 点后，上海平均出行人数约有 421 万人，占全天出行人数的 17.67%，位列全国首位。地标联动方面，市酒吧协会与强生控股申城观光巴士合作首次推出"摩登夜巴士"，围绕"上海酒吧文化节"，串联 BFC 外滩枫径、豫园、新天地等 6 个夜生活地标，并实现一张巴士通票玩遍酒吧文化节、电音嘉年华、精酿啤酒节、巡乐城市派对等多个夜间热门活动，可凭票领取免费饮品，打造"巡乐城市派对"，央视新闻、新华社等 30 余家媒体纷纷报道夜生活商业＋出行联动的全新模式。载体空间联动方面，以地铁延时运营为契机，2021 年 6 月 5 日晚，百联青浦奥莱、世贸广场、兴业太古汇等近 50 家商场及地铁地下空间商业载体推出"购物不眠夜"，延长营业时间至 23 时。例如，百联集团打造"66 百联之夜"，发放 1.3 亿六六专享消费券，30 多家重点门店延长营业时间，第一百货携手腾讯带来"百联王者争霸赛"，带动销售同比上升 34%；位于地铁 10 号线地下空间的太平洋森活天地推出新锐中国艺术家个人作品巡展，特别延长开放至 23 时，打造夜巡艺展生活新体验。平台营销联动方面，百联集团与申通集团首次合作推出"乐享购物 + 绿色出行"消费满额赠地铁电子票活动，通过 Metro 大都会 APP 向百联通会员 APP 发放近 4 万张地铁票，助力 i 百联平台销售同比增长 31%。

3. 夜间地标提质增量，活力夜生活好去处全市铺开

打造地标性夜生活集聚区，在新天地 -158 坊、吴江路张园丰盛里等本市 12 个地标性夜生活集聚区基础上，2021 年夜生活节新增定西路——上生新所地区夜生活集聚区，促进夜间经济地标从点、线发展向块、圈、带状发展，形成集聚效应。推出"一城一夜·新城夜派对"，为激发"五个新城"夜生活潜力，上海人民广播电台联手新城夜生活 CEO 首次推出主题探营，推介嘉定西云楼、青浦夏都小镇、松江云间粮仓等一批新城夜生活新地标，收看量超百万次，例如，嘉定西云楼举办了夜市、车展、亲子活动、猫赛等活动，人流比平时多 3 倍，商户营业额提升 35%。为打造"烟火气"的夜间集市，此次夜生活节推出 58 个夜市活动，外滩枫径、安义夜巷、外滩源集、思南夜派对、大学路、首尔夜市、第一八佰伴"佰集东里"等一批夜市焕新升级、人气颇高。例如，外滩枫径首次推出"外滩音乐季"，2021 年 6 月 5 日客流达 20 万人次，带动商场营业额同比增长 49%。据网易新闻监测数据，2021 年 6 月，微信公众号、新浪微博、抖音、大众点评网、小红书及新闻门户六大媒体平台的夜市声量数据较 2020 年同比增长 89.5%，其中抖音平台声量同比增长 103.3%、小红书声量同比增长 685.5%，受到广大消费者欢迎。同时，福布斯中国联合中国银联推出"夜购目的地"榜单、网易推出"夜市声量榜单"等特色榜单，推介夜生活好去处。

4. 跨界联动打破壁垒，夜生活新业态更加多元丰富

会商旅文体联动活动更加丰富。上海市体育局首次推出"体育运动之夜"，两天的嘉年华活动总体覆盖人数超过120万，线上线下直接参与人数超万人；体育消费券发券总额提高到每天60万元左右。全市共29个品牌、638家门店参与"六六健身大派送"，线下健身门店消费升温明显；通过京东运动平台举办"体育名品折上折"活动，拉动上海地区整体成交总额达1.1亿元。市文旅局推出"博物馆奇妙夜"，震旦博物馆等29家博物馆开放夜场，30家博物馆和文化IP"走进"思南公馆，推出"博物馆夜派对"市集，带来近千件限定款文创产品，首日客流达1.5万人次，环比增长56%；市新闻出版局推出深夜书店节，新华书店等30家书店延长营业时间推出夜读活动，活动期间销售额达1008万元。例如上海外文书店举办"假面·狂欢夜"主题活动，2021年6月5日当晚活动销售额29.8万元，同比增长36%。市演出协会联合富都滨江等近30个商业街区推出100场街头艺人周末秀，为夏夜街头增添灵动。线上线下融合更加深入。首次发布6条夜生活推介官主题打卡线路，涵盖夜市、美食、娱乐、博物馆、书店、运动等36个点位，截至6月20日23:59，活动浏览量为13.6万人，3万余人参与打卡。小红书、美团、哔哩哔哩、抖音的6位博主被授予"夜生活推介官"证书，推介主题打卡线路，例如，小红书博主"陈逸慧""风铃南瓜"受邀成为夜娱、夜市推介官，带动内容发布量超6000篇，累计曝光达5亿。

5. 抱团营销喜获丰收，商业体夜间销售客流迎增长

夜生活节带动各类企业抱团营销，有力促进夜间消费。据监测数据，88家重点监测企业6月夜间销售、客流分别同比增长22.1%、22.3%。例如，豫园商城联合小红书推出"潮流之夜"，夜间销售同比增长90.5%；BFC外滩金融中心推出"外滩音乐季"，夜间销售同比增长44.1%；百联南桥购物中心夜间销售同比增长68.6%。另外，据美团数据，2021年夜生活节期间，平台上海地区到店餐饮夜间消费额同比增长50%，酒吧消费同比增长33%，密室夜间消费增长145%。线上线下联动、多业态融合的夜生活特色活动有力提振了消费人气，例如，新天地推出"敢廿新生"夜生活节系列活动，呈现 20 件艺术装置，打造多场 Booze-up Night 主题派对，活动期间营业额提升 100%，客流提升 32%；森兰商都"国别缤纷月"带动夜间销售激增超五成；世博源推出夜生活团购券，带动夜间消费同比增长 39.5%。

二、存在问题

（一）夜间公交有待提升，长距离居住人群参与度弱

上海城市公交夜间活跃范围位列全国 20 位，落后于深圳和广州等城市，地铁平均末班车时间较乌鲁木齐、杭州、深圳仍有较大的提升空间。上海的夜生活布局以若干城市地标为核心，这些地标主要位于市中心公交较为发达的地区，对短距离居住人口较为便捷，然而如果要进一步增强城市夜生活地标的吸引力，对郊区等长距离居住人口的吸引还有赖夜间公交运营时间的延长，尽管会增加公共服务的成本，但可以让夜生活地标的消费理念、生活方式以一种都市文化的形式传播出去，带动全市乐于参与夜生活的人群。

（二）社区服务有所缺失，夜生活受众范围有待扩充

以"六六夜生活节"为代表，上海在打造城市夜生活地标、联合优质企业活动推陈出新等方面做足功夫，这比较迎合都市白领以及一些年轻人的口味，夜生活的受众还没有进一步打开。对于一般老百姓，在家门口能够得到夜生活的贴心服务，便可以感受到更多实惠。城市夜生活地标彰显城市的高度，社区夜生活服务更能彰显城市的温度，从而进一步激活更广泛的受众，让每一个人感受到城市文明的进步，在这一方面，上海还可以有所加强。

三、对策建议

（一）大力发展有全球影响力的夜间经济增长点

打造 1 + 15 + X 夜间经济空间布局，即发展滨江夜经济活力带，打造

15 个地标性夜生活集聚区，打造 X 个主题化、特色化、差异化的标志性夜市，促进夜生活地标从点、线发展向块状、带状、圈状发展，围绕"一带多圈"格局，打造一批具有标志性的、体验丰富的、包容多元的、与时俱进的全球知名夜生活地标。打造一批具有全球影响力的夜间文化旅游项目，挖掘浦江游览、豫园、南京路等旅游景点潜力，增加常态化、标志性实景演出，推动夜购、夜秀、夜游、夜娱、夜食、夜健、夜读等领域跨界融合，打造一批具有全球影响力、能吸引国内外游客的夜秀夜游夜娱项目。围绕长三角一体化发展目标，在嘉定、青浦、松江、金山、闵行等区试点打造古镇夜经济标杆，支持发展民宿、实景演出。优化提升夜间经济推进机制和城市配套水平，建立健全市区两级"夜生活首席执行官"制度，成立夜间经济行业联合会。

（二）运用大数据手段补强夜间公交配套等服务短板

以中心带动外围的夜生活活力。当前上海的夜生活集聚区高度集中在内环以内，中外环的人口聚集区和五大新城核心区的夜生活形式相对单一。一方面，可借由本地特色的夜生活项目，打造外围特色夜生活集聚区；另一方面，需要细化研究上海夜生活的集聚特色及夜间出行需求，按需配置公交服务。通过大数据，可以更精密地计算上海市民的夜间出行习惯，通过夜间专线或延时运营等性价比更高的方式配置夜间公共交通服务，也可借助夜间公共交通服务的灵活调度，发挥对夜生活地标和外围特色夜生活集聚区的客流引导作用。

（三）推动商业与文旅设施运营夜间开放常态化

针对适宜夜间营业的商业与文旅场馆设施，延长夜间运营开放的时间段。虽然上海目前已开始试点对博物馆和展览场所夜间开放，但是开放仅限于上海夜生活节期间，尚未形成常态化夜间开放。上海市夜间博物馆开放比例低于深圳、成都两地；展览场所夜间开放比例仅高于北京，而低于广州、深圳、重庆与成都；旅游景点夜间开放率低于深圳、成都和广州。此外，绝大多数上海商场夜间结束营业的时间固定在 22 点，亦可鼓励有特色夜间业态的商场适当延迟闭店。

（四）完善便民服务类的夜间网点建设

结合"15 分钟生活圈"建设，鼓励社区便民服务网点推出夜间服务，尤其针对养老、医疗等民生保障类服务，这类服务通常由于夜间需求下降，难以打平运营成本而选择忽视夜间消费。建议推广夜间无人看守药店、夜间紧急护理热线等服务业态，通过无人看守店铺的形式，尽管无法完全替代专业药剂师的服务，但对需求明确的购药者，仍然可以有效降低运营成本。同时，对于药剂师、老年护理员等需要人工服务的项目，也可以在商业中心开辟夜间综合服务点，通过培养全方位社区服务技能人才，使其一人守夜身兼多职，通过热线等服务形式，提升夜间服务效益。

第四节　高起点打造上海零售物业市场

上海的零售物业无论是总量还是层级一直是上海繁荣的象征。置身高奢的恒隆百货、国金中心，走在南京路、淮海路、徐家汇看数不尽的店铺和灯光，抑或是流连于新崛起的城市副中心和社区商业中心，零售物业都带来了太多想象力和惊喜。2021 年，上海零售物业仍然没有停止扩张的脚步，租金和空置率水平也保持着一贯的稳健。

一、零售物业市场发展基本情况

（一）全市零售物业发展情况

1. 零售物业新增进度总体恢复平稳

根据样本零售物业统计情况，2021 年上海市零售物业新增数量及建筑面积总体比上年有所增长，2021 年全年新增零售物业 22 幢，较 2020 年末增长 7%，共计新增建筑面积 191.01 万平方米，较 2020 年末增长 12%。

表 3-2　上海市 2021 年全年新增零售物业

零售物业名称	区域	零售物业性质	开发商	所在商业／服务业聚集区	建筑面积（万平方米）
上海北外滩来福士	虹口区	城市综合体	凯德集团	北外滩商圈	12.7
普陀绿地缤纷城	普陀区	社区型购物中心	绿地集团	真如商圈	5.7
上海瑞虹天地太阳宫	虹口区	城市综合体	瑞安房地产	北外滩商圈	18.0
星荟中心	虹口区	城市综合体	上海广田房地产	北外滩商圈	7.2
上海虹口万泰广场	虹口区	城市综合体	天虹数科	虹口足球场商圈	6.0
恒基·旭辉天地	黄浦区	商办综合体	旭辉集团	新天地商圈	4.5
上海 Lalaport	浦东新区	区域型购物中心	三井不动产	金桥商圈	5.5
上海漕河泾印象城	徐汇区	区域型购物中心	上海临港经济发展集团	漕河泾商圈	5.5
主场 ESP 购物中心	普陀区	社区型购物中心	超竞集团	真北商圈	3.6
南京东路改造项目 U479	静安区	社区型购物中心	新世界中国地产	南京东路商圈	1
One East 博荟广场	黄浦区	区域型购物中心	博枫地产	徐汇滨江商圈	7.5
前滩太古里	浦东新区	城市综合体	太古地产	前滩商圈	12
康桥新田 360	浦东新区	社区型购物中心	河南新田置业	周康商圈	12
大宁久光百货	静安区	区域型购物中心	香港利福国际集团	大宁商圈	18

（续表）

零售物业名称	区域	零售物业性质	开发商	所在商业/服务业聚集区	建筑面积（万平方米）
中信泰富广场	静安区	城市综合体	中信泰富房地产	南京西路商圈	3.5
漫乐城	浦东新区	社区型购物中心	北京汉博商业管理股份有限公司	浦东世博商圈	3.61
临港万达广场	浦东新区	区域型购物中心	大连万达商业管理集团	临港板块	8.2
西岸凤巢	徐汇区	区域型购物中心	西岸开发集团	徐汇滨江商圈	7.5
松江印象城	松江区	区域型购物中心	印力集团	松江板块	15.5
宝山日月光	宝山区	区域型购物中心	上海鼎尧置业发展有限公司	北中环商圈	17.5
天安千树	普陀区	区域型购物中心	天安中国投资有限公司	长寿路商圈	10
虹桥中心大融城	长宁区	社区型购物中心	中国光大控股有限公司	虹桥商务区商圈	6

图 3-15 上海市零售物业数量及面积增长情况

其中，除天安千树、宝山日月光、松江印象城、大宁久光百货、康桥新田360、前滩太古里、北外滩来福士和上海瑞虹天地太阳宫为大体量购物中心外，其余体量均在10万平方米以下。2020年受疫情影响，上海新增零售物业骤减，多个计划开业的购物中心延期至2021年，2021年新增零售物业进度保持稳健推进。

2. 租金[1]水平及空置率基本持平

2021年全年样本零售物业整体租金水平与2020年同期基本持平。2021年上海市样本零售物业平均租金中位数为6.1元/（平方米·天），与2020年同期水平相当。全市样本零售物业平均租金水平集中在2.5—7.5元/（平方米·天）区间。

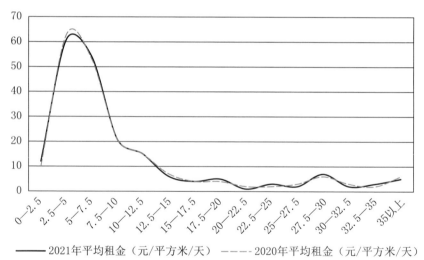

图3-16　2021年和2020年零售物业平均租金分布

根据样本情况，全市零售物业2021年空置率基本维持2020年水平。2021年样本零售物业空置率中位数为15%，与2020年同期持平，零售物业空置率集中在10%—20%之间。

---

[1] 各零售物业租金按租赁面积计算。

（二）各区零售物业发展情况

1. 各区存量保持稳定，增速有所提升

2021 年被调查的上海市各区样本零售物业总建筑面积达 1725.96 万平方米。其中新增建筑面积达 191.01 万平方米，占总建筑面积的 11%，分别为虹口区 4 幢（增加总体量：43.9 万平方米）、普陀区 3 幢（增加总体量：19.3 万平方米）、黄浦区 2 幢（增加总体量：12 万平方米）、浦东新区 5 幢（增加总体量：41.31 万平方米）、徐汇区 2 幢（增加总体量：13 万平方米）、静安区 3 幢（增加总体量：22.5 万平方米）、松江区 1 幢（增加总体量：15.5 万平方米）、宝山区 1 幢（增加总体量：17.5 万平方米）和长宁区 1 幢（增加总体量：6 万平方米）。2021 年全年新增建筑面积较 2020 年全年增长 12.44%，存量增速较 2020 年相比略有增长。

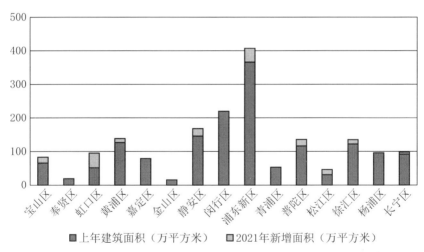

图 3-17　上海市各区零售物业面积

2. 各区租金涨多跌少，新开物业空置率低

租金方面，全市 6 个区零售物业 2021 年较 2020 年同期有小幅增长，4 个区小幅下跌，其他区多数持平。闵行区租金涨幅最大；静安、黄浦和徐汇区租金最高，大幅领先其他区租金水平。

从样本情况来看，全市多数区的零售物业 2021 年全年空置率维持 2020 年水平不变。其中虹口区和黄浦区零售物业空置率分别较 2020 年同期下降 0.5 和 1 个百分点，新开业的瑞虹天地太阳宫和北外滩来福士对虹口区起到了良好的引流效果，吸引商户入驻。闵行区、浦东新区和青浦区空置率则有小幅上升。

表 3-3　上海市各区零售物业平均租金及空置率比较

行政区	2021 年全年平均租金（元／平方米／天）	2020 年全年平均租金（元／平方米／天）	2021 年全年空置率	2020 年全年空置率
宝山区	3.80	3.50	20.0%	20.0%
奉贤区	7.15	—	24.7%	—
虹口区	6.60	6.60	14.5%	15.0%
黄浦区	14.20	15.15	16.0%	17.0%
嘉定区	6.90	—	14.5%	—
金山区	5.50	—	28.0%	—
静安区	21.05	22.20	16.0%	16.0%
闵行区	5.00	3.85	15.9%	14.0%
浦东新区	4.20	4.00	15.0%	14.5%
普陀区	4.80	4.65	16.0%	16.0%
青浦区	2.50	2.40	16.5%	16.0%
松江区	2.50	2.50	17.0%	17.0%
徐汇区	11.15	11.20	10.0%	10.0%
杨浦区	5.80	5.80	15.0%	15.0%
长宁区	5.50	6.05	14.5%	14.5%
全市	6.10	5.90	15.0%	15.0%

3. 各区零售物业以城市综合体为主要类型

各区零售物业均以城市综合体为主要类型，除杨浦区占比仅 73% 以外，其他各区城市综合体在零售物业中的占比均在 80% 以上，奉贤、虹口、黄浦、嘉定、金山、青浦和松江区占比更高。商业网点占比一般在 10%—20% 之间。社区型购物中心占比最低，占比均不到 10%。

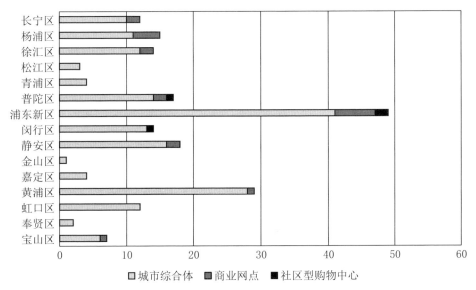

图 3-18　各区不同类型零售物业数量（单位：幢）

（三）重点商圈零售物业发展情况

1. 淮海中路商圈零售物业存量和面积领先

从样本情况来看，五大重点商圈零售物业数量总和在全市占比达 26%。截至 2021 年末，淮海中路—新天地—打浦桥商圈零售物业数最多，为 17 幢，在所有样本中占比达 8%，领先于其他重点商圈。徐家汇商圈在五大重点商圈中零售物业数稍落后。淮海中路—新天地—打浦桥商圈、南京东路—外滩商圈和南京西路商圈均在 2021 年前三季度有新增零售物业，其中淮海中路—新天地—打浦桥商圈新增 2 幢。

从样本建筑面积来看，五大重点商圈零售物业合计建筑面积在全市占比达到 26%，其中徐家汇商圈平均单体面积最高，达到 12.41 万平方米，陆家嘴商圈和南京西路商圈平均单体面积分别达到 9.23 万平方米和 6.43 万平

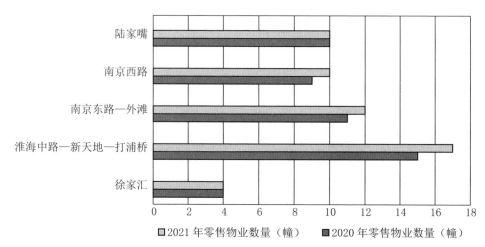

图 3-19　上海市重点商圈 2021 年和 2020 年零售物业数量

方米。淮海中路—新天地—打浦桥商圈 2021 年新增建筑面积规模最大，达 148.79 万平方米，较 2020 年末增幅超 20%。

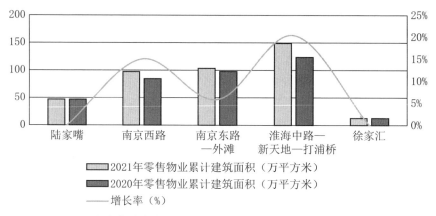

图 3-20　上海市重点商圈 2021 年和 2020 年零售物业建筑面积变化

2. 重点商圈租金多数下跌，空置率维持稳定

在所选取的五大重点商圈中，2021 年全年平均租金除徐家汇商圈略微上涨外，其他四大商圈均呈现下降。其中南京东路—外滩商圈跌幅相对较大，较 2020 年同期下跌超 4 个百分点。各商圈租金水平分化较大，南京西路商圈租金水平相对较高，2021 年租金中位数为 31.25 元 / 平方米 / 天，

远高于其他四大商圈。陆家嘴商圈和淮海中路—新天地—打浦桥商圈租金水平较低，二者中位数分别为 7.25 元 / 平方米 / 天、9.50 元 / 平方米 / 天。

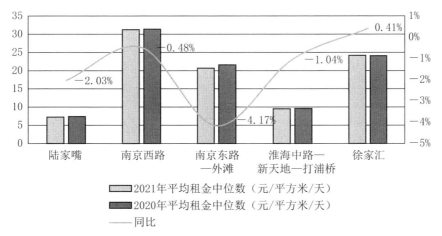

图 3-21　上海市重点商圈 2021 年和 2020 年平均租金变化

截至 2021 年，五大重点商圈空置率相比 2020 年同期有所下降，核心商圈空置率平均在 3.69%。徐家汇商圈空置率最低，仅有 1.2%；淮海中路—新天地—打浦桥商圈空置率最高，达 5.6%，或与其 2021 年新增零售物业数较多有关。

二、存在问题

（一）新增供应继续保持，非核心商圈恐将集体承压

受益于疫情管控有力、消费市场潜力大，以及"五大新城"规划等政策利好，未来上海零售物业新增趋势将继续得以延续，为上海零售物业市场带来大量新增供应。预计未来 1—2 年，将有总建筑面积约为 122 万平方米的零售项目分批入市。持续增长的供应量将对上海现有购物中心带来一定压力，其中核心商圈的需求相对稳定且供应有限，空置率预计仍将维持较低水平；而对非核心商圈而言，整体来说，在互联网消费崛起对传统商圈的冲击影响下，较大的新增供应将使租金、空置率等指标进一步承压。

（二）市场环境快速变化，运营模式有待进一步优化

受疫情影响，到店客流 2021 年下半年已现负增长，2022 年保持增长仍有很大阻力；同时随着电商直播等线上消费的不断扩张，如何使线下消费有足够区分度和吸引力，打造出独特场景体验成为各商业体亟需回应的问题。相当一部分生命力不强的小微品牌商关门歇业，已直接影响到一些功能不齐且设施陈旧的单个商业实体。为了应对这一冲击，各商业体需对自身空间再定位，升级运营模式。目前上海各区零售物业都以城市综合体为主要类型，在优化商业网点布局规划的过程中，城市级标杆商业需避免重复性建设和盲目竞争。

三、对策建议

（一）充足供应带动升级，新兴业态打造标杆商业

目前全市商圈消费集中度不断加强，重点商圈提质效应显著。而通过举办"五五购物节"等各类活动，线上与线下消费联动增进，热度持续加强。零售额的持续稳步增长，体现了市民对于高品质商品日益增长的消费需求。在这一有利背景下，各零售物业的业主们需进一步通过租户调整、翻新物业、打造体验式零售，以及租金优惠等方式来保持各自竞争力和市场份额，顺应消费趋势，不断营造消费市场热点，切实将消费热度转化为消费成效。鉴于美妆、餐饮、生活及"新零售"零售商持续在上海市场寻求扩张机会，新增供应有望支撑这些业态的需求扩张，通过充分整合国际国内资源，打造城市级标杆商业。

（二）拥抱全球新品首发地，为商圈发展注入新活力

2021 年首店开店行情走高，为商圈发展注入新活力，重点商圈吸引国外品牌首店数量约占比 2 成左右，是国外品牌首店开店较为密集的区域。国内外零售商在上海零售物业租赁市场表现积极，显示其对 2022 年及未来中国经济的乐观情绪，其中市场对时尚、餐饮、生活、娱乐以及汽车体验店等

表 3-4 未来 1—2 年内上海主要零售物业新增供应情况

零售物业名称	区域	零售物业性质	开发商	所在商业／服务业聚集区	建筑面积（万平方米）
锦沧文华	静安区	城市综合体	宝华集团	南京西路商圈	2
协和城二期	静安区	城市综合体	协和集团	南京西路商圈	10
静安国际中心	静安区	城市综合体	宝佰置业有限公司	/	7.6
太平洋新天地商业中心	黄浦区	城市综合体	瑞安房地产	新天地商圈	8.8
MOHO 上海	静安区	城市综合体	合生创展集团有限公司	/	7.5
龙湖上海金汇天街	奉贤区	城市综合体	龙湖地产有限公司	/	7.3
星扬西岸中心	徐汇区	城市综合体	恒基兆业有限公司	徐汇滨江商圈	4
天空万科广场	青浦区	城市综合体	万科企业股份有限公司	虹桥商圈	10
上海荟聚综合体	长宁区	城市综合体	英格卡购物中心（中国）管理有限公司	虹桥商圈	15
上海东渡蛙城	青浦区	城市综合体	东渡国际集团	/	15
上海 LOVE@大都会	普陀区	城市综合体	长江实业集团	真如商圈	22
上海徐家汇中心	徐汇区	城市综合体	新鸿基地产发展有限公司	徐家汇商圈	12.4

业态的品牌有较强驱动力。重点商圈有望形成对国际品牌持续的吸引力，为自身融入更多国际化因素，对国际小众品牌的首店孵化能力可能成为新的增长点；其他商圈也应打开首店发展空间，积极推动首店业态多元化，为商圈业态升级持续注入新鲜活力。

第五节　重点促消费政策对消费的促进作用

《上海市建设国际消费中心城市实施方案》指出，"完善消费监测体系。构建融合政府端和市场端、供给侧和消费侧大数据于一体的监测体系。针对网络消费、服务消费、外来消费、夜间消费等重点领域，加强统计指标研究，多维度反映消费市场发展新趋势"是"进一步增强消费在上海构建国内大循环中心节点、国内国际双循环战略链接中的基础性支撑作用"的重要保障措施。这一理念正如《上海市全面推进城市数字化转型"十四五"规划》中所强调的，要"强化精细高效的数字治理综合能力"。上海因商而兴，进入新发展阶段，发展商业、繁荣商业、建设国际消费中心城市有着重要意义。为更加全面、及时、准确地分析上海消费市场的新动态、新模式和新亮点，必须有效利用大数据技术、创新运用统计方法，多维监测并解读上海消费市场运行特点，构建实时反馈、科学预测的理论和实证模型，量化评估"政策 + 活动"的行动策略效果。通过充分透视上海消费市场潜力，为全力打响"上海购物"品牌、加快建设国际消费中心城市，提供切实而有效的决策支持。

一、"五五购物节"介绍

2020 年 4 月 23 日，上海发布《关于提振消费信心强力释放消费需求的若干措施》，首次提出举办"五五购物节，全城打折季"系列活动，通过"政策 + 活动"的双轮驱动，最大限度促进了消费回补和潜力释放，帮助上海消费市场进一步走出疫情阴霾。在《关于加快建设上海国际消费中心城市　持续促进消费扩容提质的若干措施》中，"五五购物节"进一步成了上海加快建设国际消费中心城市的重要举措，串联起首店首发、夜间经济等重要活动，成为"上海购物"品牌的重头戏之一。

进入 2021 年，"五五购物节"已迎来第二个年头，同样取得了圆满收官。伴随着疫情防控进入常态化以及上海消费恢复增长的喜人成绩，第二届"五五购物节"在继续增进信心、刺激消费的同时，也会与首届"五五购物节"呈现出不同特点，传达新的发展使命与要求。根据消费市场大数据实验室（上海）监测，2021 年购物节期间，线下消费全程保持高热度，全市支付端线下消费 4991 亿元，同比增长 12%；线上消费持续向好，网络零售额达 2905 亿元，同比增长 14%，进一步有效地激发出市场活力、释放消费潜力。上海"五五购物节"再次交出了一份令人满意的答卷，上海建设国际消费中心城市迈向新高度。

二、评估思路与模型

（一）分析思路

本模型基于 R 语言，运用 Long Short Term Memory（LSTM）神经网络模型预测 2021 年 5 月 1 日至 6 月 30 日的消费额（反事实预测数据），与同一时期的真实消费额（事实）进行拆分。考虑到工作日与非工作日的区别，回溯期数选择了 7，即用过去一周的数据供验证学习。

在神经网络学习的基础上，考虑到每年不同月份消费趋势的问题，即每个月的消费量具有历史同比性，因此在 2021 年度数据的基础上辅以 2020 年的数据，对 5、6 月在前半年消费占比进行纵向比较，利用 2020 年数据进行季节趋势项的拆分。最后结合预测和季节项，进行二重拆分（即双重差分，DID 方法），得到差分后"五五购物节"对 5、6 月消费的增长作用。双重差分简要思路如下：

表 3-5 双重差分简要思路

	"五五购物节"之前	"五五购物节"之后	差 别
处理组（2021 年）	$\propto_0 + \propto_1$	$\propto_0 + \propto_1 + \propto_2 + \propto_3$	$\propto_2 + \propto_3$
对照组（2020 年）	$\propto_0$	$\propto_0 + \propto_2$	$\propto_2$
差别	$\propto_1$	$\propto_1 + \propto_3$	$\propto_3$（双重差分）

运用双重拆分法的目的是去除季节或时间效应。如果只看 2021 年真实消费额与预测消费额（没有"五五购物节"刺激作用下的反事实消费额），不能有效地控制时间效应，即 5、6 月本身月度属性如假日、气温等带来的消费数据趋势变化。为解决此类趋势变化，此处我们利用 2020 年同一时期的真实消费额进行辅助分析，即首先利用 2021 年的数据进行预测，得到反事实预测数据，并考虑 2020 年的消费，通过缩放系数（scale factor）控制 2021 年的消费趋势，即进行二重差分，得到的消费额的差值便是 2020 年"五五购物节"直接造成的总消费额的增长效应。

（二）模型简介

本节分析主要采用神经网络 LSTM 模型对 2021 年度数据进行预测。LSTM 为一种深度学习领域内前沿神经网络模型，尤其适用于时间序列建模，具备长时间的记忆能力。该模型能够利用训练集内预测数据和真实数据的比较来学习，即将过去的数据作为预测因子，未来的数据作为预测目标，在学习过程中有选择性地在模型内纳入数据、忘记数据，并输出模拟结果。相较于传统的 Arima 模型，LSTM 模型预测的精确性大幅提高，尤其体现在样本量较大的时候。

模型采用 2021 年 1 月 1 日至 4 月 30 日共 120 日消费数据作为训练集，来预测 5 月和 6 月的数据。经比较回溯期数，并考虑到每周工作日和非工作日对消费的显著影响，最终回溯期数（look_back）选取 7，即首先利用一周的数据来学习；为确保训练的准确性，同时保证运行速度（深度学习运行速度很慢），一次训练抓取的样本量（batch_size）定为 2，训练期数（epoch）选定为 200。由于样本量较大，利用 LSTM 模型的预测效果非常好。

三、促消费效果评价

（一）模型分析结果

总体而言，无论是对为期 2 个月的购物节还是 5 月单独分析，"五五购物节"对各品类消费项目均有一定的拉动作用，其中 5 月的拉动作用更为突出。在品类方面，珠宝饰品的消费拉动作用最为明显，也推动了珠宝消费的新高。

表 3-6　2021 年 5 月 1 日—6 月 30 日消费评估

类　别	实际消费均值（单位：万元）	无刺激差分预测消费均值（单位：万元）	二重差分后刺激作用（单位：万元）	刺激增长作用（单位：%）
住宿服务	54798.79	48161.8	6636.98	13.78
便利店	3537.90	3495.00	42.90	1.23
其他	11402.07	11446.32	−44.25	−0.38
冷饮及乳制品	27.14	25.31	1.83	7.23
化妆品	8971.65	8344.13	627.52	0.075
医药器械	3236.70	2898.44	338.27	11.67
家居建材	44656.42	42056.76	2599.65	6.18
家用电器	6009.772	5541.31	468.46	8.45
快餐服务	6223.2	5581.58	641.62	11.49
文体用品	21854.64	20186.69	1667.947	8.26
服装鞋帽	66956.16	66411	545.17	0.82
正餐服务	53760.29	53513.86	246.53	0.46
母婴用品	5089.12	4351.61	737.50	16.95
汽车	46887.35	47262.72	−375.38	−0.79
烟	841.73	800.06	41.67	5.21

（续表）

类　别	实际消费均值 （单位：万元）	无刺激差分 预测消费均值 （单位：万元）	二重差分后 刺激作用 （单位：万元）	刺激增长作用 （单位：%）
珠宝首饰	95697.25	67644.51	28052.74	41.47
电子产品	19352.71	18817.87	534.54	2.84
百货	110260	104021.4	6238.6	6.00
粮油食品	20201.58	19074.3	1127.28	5.91
超市卖场	218762.7	211386.04	737.66	3.49
酒	2302.86	2151.59	151.27	7.03
饮料和冷 饮服务	17117.26	16675.73	441.53	2.65
总消费	817947.3	759848.04	58099.26	7.65

表 3-7　2021 年 5 月 1—31 日消费评估

类　别	实际消费均值 （单位：万元）	无刺激差分 预测消费均值 （单位：万元）	二重差分后 刺激作用 （单位：万元）	刺激增长 作用 （单位：%）
住宿服务	53827.92	46992.52	6835.403	14.55
便利店	3540.91	3490.58	50.33	1.44
其他	12646.08	12719.16	−73.08	−0.57
冷饮及乳制品	31.84	29.37	2.47	8.41
化妆品	9004.80	8318.35	686.45	8.25
医药器械	3248.56	2839.03	409.52	14.42
家居建材	44665.62	41723.55	2942.07	7.05
家用电器	5650.59	5190.88	459.72	8.86
快餐服务	6667.80	5950.19	717.61	12.06
文体用品	24331.31	22413.91	1917.40	8.55
服装鞋帽	67630.23	67022.69	607.54	0.91
正餐服务	52869.19	52475.59	393.59	0.75

（续表）

类　　别	实际消费均值 （单位：万元）	无刺激差分 预测消费均值 （单位：万元）	二重差分后 刺激作用 （单位：万元）	刺激增长 作用 （单位：%）
母婴用品	5192.74	4596.65	596.09	12.97
汽车	50000.55	49882.18	118.37	0.24
烟	903.36	888.46	14.89	1.68
珠宝首饰	106236.7	75640.83	30595.86	40.45
电子产品	14955.31	14735.61	219.70	1.49
百货	103487.6	95140.36	8347.24	8.77
粮油食品	20063.95	18883.57	1180.38	6.25
超市卖场	209050.3	200658.7	8391.67	4.18
酒	2262.35	2111.96	150.39	7.12
饮料和冷饮服务	16940.48	16493.48	447.00	2.71
总消费	1631155	1508046	123110	8.16

（二）"五五购物节"促消费的效果评估

"五五购物节"为消费者创造了"仪式感"，不仅构建了品牌、商户与消费者之间畅通的互动渠道，同时通过促消费带动生产链、供应链的活跃，有效激发乘数效应。"五五购物节"是典型的政府搭台、企业互动、全民狂欢的一场消费盛宴。大数据实验室通过构建 LSTM（Long Short Term Memory）神经网络模型预测购物节期间的消费额，即反事实预测数据，并与同一时期实验室监测的真实消费额（事实）进行拆分比较，结果显示，第二届"五五购物节"对上海总消费的刺激增长作用为 7.65%，即 2021 年 5 月至 6 月上海消费经济的总体增长中，有 7.65% 的消费增长来自"五五购物节"的活动效应。

从门类来看，2021 年"五五购物节"对各品类消费均有拉动作用，其中珠宝饰品的消费拉动作用最为明显，同比 2020 年增长了 220%，其中受

"五五购物节"的刺激增长作用为41.47%，这与2021年开展的上海钻石珠宝文化节密切相关。母婴用品、住宿服务、医药器械和快餐服务受第二届购物节效应的刺激增长均超过10%，分别达到16.95%、13.78%、11.67%和11.49%。家用电器、文体用品的刺激增长超过8%，分别达到8.45%和8.26%。

从时间段来看，"五五购物节"在活动初期的5月份拉动作用更为突出，刺激消费增长达到8.16%。"五五购物节"活动初期对各消费品类拉动效果的排名与"五五购物节"全程情况大致类同。珠宝首饰以40.45%的增长排名首位；住宿服务、医疗器械、母婴用品、快餐服务的购物节效应增长超过10%，分别为14.55%、14.42%、12.97%和12.06%；家用电器、百货、文体用品、冷饮乳制品及化妆品的刺激增长超过8%，分别达8.86%、8.77%、8.55%、8.41%和8.25%。

第二届"五五购物节"与首届"五五购物节"相比呈现出不同的特点。首先，消费品类的刺激作用发生变化。虽然从刺激效用的绝对数值来看，2021年购物节的总刺激效用低于首届购物节，但由于两年"五五购物节"承担的任务不同，2021年的"五五购物节"仍圆满完成了设定的目标。2020年的"五五购物节"承担着疫情中提振消费信心的特殊任务，而2021年"五五购物节"则是已经走出疫情造成的消费阴霾，更多承载着建设国际消费中心城市的先行使命，进入了全新的发展阶段。2020年刺激效应最高的门类主要以母婴用品（48.6%）、电子产品（40.2%）、家居建材（29.6%）等家居生活类为主，而2021年珠宝饰品的刺激作用表现突出（41.47%），更体现了消费提质升级。其次，第二届购物节覆盖的区域范围更广、包含的客群范围更宽。不仅市级商圈销售额同比增长5成，五大新城重点企业的监测样本也同比增长了近3成，反映出第二届"五五购物节"促消费在区域范围上不仅仅局限于中心城区的空间，而是辐射拓展到了郊区。此外，不仅高端消费品监测样本企业的销售额同比增长了6成，客单价小于 50 元的小微商户销售额也同比增长了 4 成，这证明了参与第二届购物节的客群覆盖面更广，消费人群的画像更丰富。第三，本次购物节还实现了消费破圈。"沪苏同城化消费""买遍长三角"等活动，突破了行政区划的边界，与长三角地区进行联动，进一步挖掘潜在消费需求，刺激消费增长。第二届"五五购物节"打造出的一体化的消费市场，也在无形中树立了"上海建设国际消费中心城市"的核心地位和品牌形象，吻合第二届购物节的任务目标。

第二届"五五购物节"可谓是承上启下，既是对疫情得到有效控制后消费水平良好恢复和增长态势的保持，延续了第一届"五五购物节"的高标准与高水平，同时又是承接新要求新任务，站在高起点建设国际消费中心城市的关键一招。这也是上海厚积薄发的内在要求，是建设具有世界影响力的国际消费中心城市的重要环节。与此同时，"五五购物节"品牌的影响力和辐射力也将进一步扩大！

第四章

高起点打造国内大循环中心节点和国内国际双循环链接

在偏紧的防疫措施下，城市间的人员往来受到一定抑制，首当其冲的是城际间消费的减少，无论是公务出差还是私人游玩，线上远程会晤取代了线下见面，本地周边游取代了异地跋涉。待常态化防控措施进一步落实落细，城际间消费流通必将迎来快速恢复与增长。

第一节　上海与打造国内大循环中心节点

双循环新发展格局下，推动国内消费升级、建设强大国内消费市场的进程不断提速，上海市国际消费中心城市培育建设扎实推进，城市间消费网络活跃度的提升成为下一阶段促消费、稳增长的重要关键词。本部分基于银行卡刷卡消费推算流量数据[1]，对上海与全国各城市的消费往来情况进行详细分析。

一、上海与全国主要城市消费往来

（一）上海与全国各省份消费往来情况

整体来看，2021年上海与全国其他省份的消费往来总额达10720.37亿元。其中，上海从全国其他省份共计吸纳流入消费5941.62亿元、占比

---

[1]　由于各城市支付宝微信银行卡市场份额不同，数值可能存在一定偏差。

55.4%，消费外流总额为 4778.76 亿元、占比 44.6%，上海呈现消费净流入局面。其中江苏省和浙江省是与上海间消费流规模最大的两省，消费往来均达千亿级别，江苏省更是高达 2008.19 亿元。

流入消费方面，江苏省、浙江省、河南省、广东省和河北省为上海吸引消费的最主要省份，其中江苏省、浙江省和河南省消费流入额均超 600 亿元，处于上海流入消费来源的第一梯队。相较于 2020 年，天津市、宁夏回族自治区和河北省流入消费涨势较为突出，三者同比分别上涨 50.57%、15.22%、10.38%。

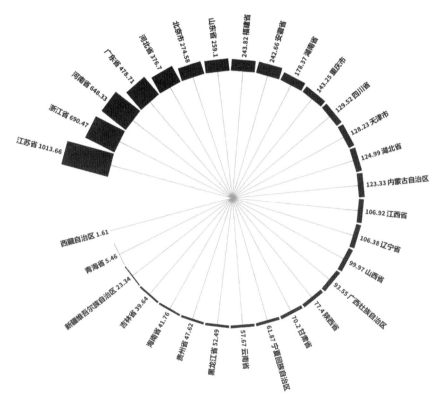

图 4-1　上海流入消费来源省份排名（单位：亿元）

流出消费方面，江苏省、浙江省、广东省和北京市是吸纳上海消费的前四主力省份（直辖市），其中，共处长三角都市圈内部的江苏省和浙江省的吸纳能力更强，2021 年全年两省分别吸引上海消费额 994.53 亿元和740.48 亿元。

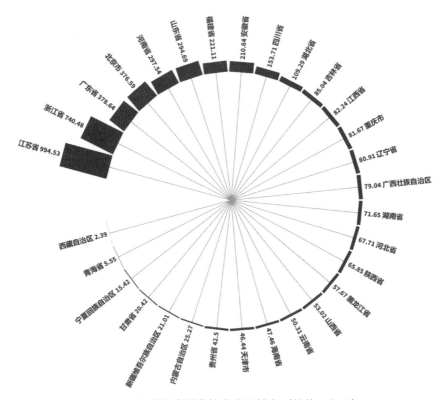

图 4-2 上海流出消费接收省份排名（单位：亿元）

流入上海消费量级较高的省份主要集中在长三角、京津冀和珠三角三个热点区域，其中上海与长三角地区的消费联系尤为紧密。上海的消费腹地地域较广，与江苏、浙江境内的地市关联性都比较强，这种密切的地域和经济联系通常表现为消费往来中的双向同步。江苏省和浙江省与上海的全年消费往来分别达 2008.19 亿元和 1430.95 亿元，在上海与外省的消费往来中占比超三成，是上海与外部省市消费网络中的活跃度集中点。

（二）与上海消费往来 TOP10 城市

分城市来看，流入消费方面，上海对全国其他城市的吸引力范围非常广阔，2021 年郑州市、南京市、北京市、深圳市、宁波市、苏州市、杭州市、重庆市、天津市和石家庄市为上海流入消费的 TOP10 来源城市，其中南京、宁波、苏州和杭州均处于长三角地区。以上十城市在上海市对全国 330 多个城市的消费吸纳总额中的占比高达 35%。

对比 2021 年和 2020 年上海流入消费的城市排名，上海对郑州市、南京市、北京市和宁波市的消费吸引力高而稳定，四者消费额排名均稳定处于各城市前五行列。天津的排名在 2021 年一跃而上，从 2020 年的第 29 位迅速攀升到第 9 位，且天津在为数不多的流入上海消费数额增长的城市中增长额和增幅均居于前列，消费额增长 43.06 亿元、增幅达 50.57%。

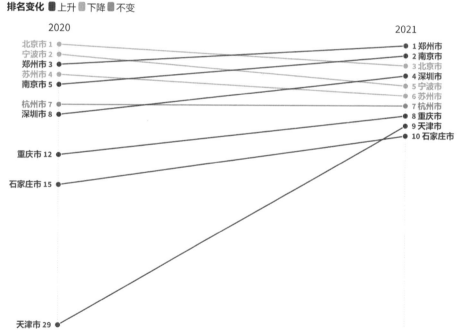

图 4-3　2021 年流入上海消费 TOP10 城市排名变动

流出消费方面，苏州市、北京市、宁波市、杭州市、深圳市、南京市、嘉兴市、郑州市、厦门市和成都市为吸纳上海消费流出的 TOP10 主力，以上十城市集聚了上海流出消费的 38%。其中深圳市和郑州市排名从 2020 年的 20 名及 25 名分别飙升至 2021 年的第 5 名和第 8 名,对上海消费的吸引力显著增强。成都市和厦门市排名略有下降,但仍在前十位之列。

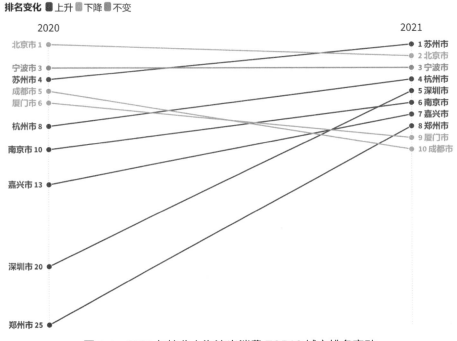

图 4-4 2021 年接收上海流出消费 TOP10 城市排名变动

上海与其他外部城市消费总关联度的强弱与城市的经济能级高低有明显关联,通过各城市流入上海和上海流出至各城市的消费排名可以看出,上海与北京、深圳等国内一线城市及南京、苏州、杭州和宁波等周边经济发展居前的城市的消费关联度更高,且这些前部城市排名均较为稳定。

二、上海与全国主要城市群的消费往来

城市群作为区域经济一体化发展的重要维度,在理解消费往来方面具有重要意义。本部分将利用上海与全国重点城市的消费流量数据,分别对上海与长三角其他城市、长江中游城市群、珠三角、京津冀、郑洛西和成渝经济圈城市群的消费往来情况进行重点分析,发现全国主要城市群中,上海与长

三角其他城市和京津冀城市群消费往来数额最高，并且各城市群均由头部城市占据较大份额。2021年，受疫情反复影响，上海与全国各城市群间的消费往来同比2020年均出现较大下滑，活力明显下降。

（一）上海与长三角[1]其他城市的消费往来

整体来看，2021年上海与长江三角洲所有城市的消费往来总额达3890.42亿元，但同比2020年仍下滑31.22%。其中，上海从长三角地区共计吸纳流入消费1946.33亿元，面向长三角城市群的消费外流总额为1944.09亿元，二者水平基本相当。上海与长三角头部大城市的消费流在上

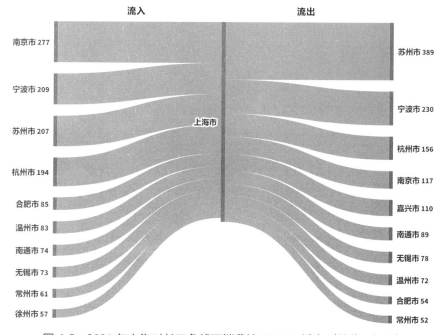

图4-5　2021年上海对长三角线下消费流TOP10城市（单位：亿元）

[1] 长三角城市：根据长三角城市经济协调会成员定义。该地域范围覆盖了长三角地区地级以上城市，包括4个省市共41个城市：上海市、浙江省11个城市（杭州、湖州、绍兴、宁波、嘉兴、丽水、台州、温州、金华、衢州、舟山）、江苏省13个城市（南京、无锡、徐州、常州、苏州、南通、连云港、淮安、盐城、扬州、镇江、泰州、宿迁）、安徽省16个城市（合肥、宿州、淮北、亳州、阜阳、蚌埠、淮南、滁州、六安、马鞍山、安庆、芜湖、铜陵、宣城、池州、黄山）。

海与整个长三角的交易中举足轻重，仅苏州、宁波、南京、杭州四市与上海之间的消费流就占整个长三角地区的 45.86%。以上四市与上海的消费流均在 350 亿元以上，量级远超其他城市。

流入消费方面，上海对长三角其他城市具有极强的消费吸引力。其中，南京市、宁波市、苏州市和杭州市对上海流入消费的贡献占据第一梯队，四市流入上海的消费额均在 190 亿元以上，南京市更是当之无愧的消费贡献首位城市，流入上海的消费达 277.63 亿元。合肥市、温州市、南通市、无锡市和常州市也均居前列，该五市流入上海的消费均在 60 亿元以上。对比 2020 年，南京市和湖州市为上海流入消费为数不多的同比正增长的城市，二者流入上海的消费分别同比增长 25.87% 和 2.74%。

流出消费方面，长三角其他城市吸纳上海市的消费规模与其流向上海的消费规模基本相当，表现出较为平衡的双向消费往来。上海对苏州市和宁波市的消费反哺作用更强，上海对上述两个城市的消费额流出规模明显领先其他城市，二者接收的上海流出消费均超 200 亿元，在长三角中总计占比超三成，处于第一梯队。苏州市规模更甚，单市接收上海流出消费近 389.84 亿元，在长三角城市群中占比达 20.05%。杭州市、南京市和嘉兴市处于第二梯队，吸纳上海消费均在百亿以上。对比 2020 年，安庆市和苏州市吸纳上海流出消费的规模呈现正向增长，分别同比增长 37.54% 和 3.78%。

（二）上海与长江中游城市群[1]的消费往来

整体来看，2021 年上海与长江中游城市群的消费往来数额共计 566.25 亿元，但同比 2020 年仍下滑 46.86%。其中，上海从长江中游城市群共计吸纳流入消费 331.69 亿元，面向长江中游城市群的消费外流总额为 234.55

---

[1]　长江中游城市群，包括湖北省武汉市、黄石市、鄂州市、黄冈市、孝感市、咸宁市、仙桃市、潜江市、天门市、襄阳市、宜昌市、荆州市、荆门市，湖南省长沙市、株洲市、湘潭市、岳阳市、益阳市、常德市、衡阳市、娄底市，江西省南昌市、九江市、景德镇市、鹰潭市、新余市、宜春市、萍乡市、上饶市及抚州市、吉安市。

亿元，上海的消费吸纳力明显强于消费外流，呈现出正向的消费净流入局面。武汉市、长沙市和南昌市三个省会城市在上海与整个长江中游城市群的消费往来中占据大头，三市均在 65 亿元以上，合计占比达 46.61%。

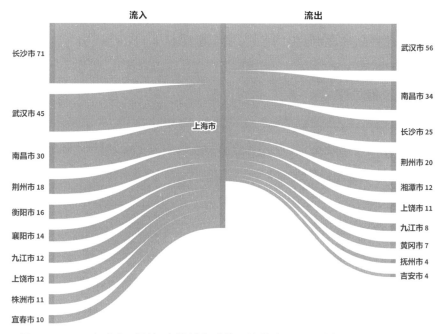

图 4-6　2021 年上海对长江中游城市群线下消费流 TOP10 城市（单位：亿元）

流入消费方面，长江中游城市群流入上海的消费超 300 亿元，显示出上海消费市场的巨大潜力和强大吸引力。其中，长沙市、武汉市、南昌市流入上海的消费均在 30 亿元以上，为长江中游城市群流入上海消费的主力城市，长沙市流入上海的消费更是高达 71.74 亿元。上述三者流入上海的消费在长江中游城市群占比高达 44.54%。荆州市和衡阳市紧随其后，二者流入上海的消费分别为 18.43 亿元和 16.89 亿元。对比 2020 年，衡阳市和新余市为长江中游城市群中为数不多的流入上海消费同比正增长的城市，二者对上海的流入消费贡献同比分别增长 28.57% 和 1.04%。

流出消费方面，长江中游城市群吸纳上海市的消费规模明显低于其流入上海市的消费。武汉市和南昌市两个重量级省会城市为长江中游城市群吸引上海消费的主力，二者分别吸引上海消费额 56.10 亿元和 34.48 亿元，在长江中游城市群吸纳上海消费总量中占比达 38.62%。长沙市和荆州市处于第二梯队，对上海的消费吸纳额均在 20 亿元以上，分别达 25.65 亿元、20.61亿元。纵向来看，湘潭市对上海的消费吸引力在 2021 年翻倍增长，吸引来自上海的消费额从 2020 年的 5.58 亿元迅速飙升至 2021 年的 12.95 亿元，同比增长 131.94%。

（三）上海与珠三角[1]的消费往来

整体来看，2021 年上海与珠江三角洲城市群的消费往来数额共计769.15 亿元，同比 2020 年下滑 24.90%。其中，上海从珠三角城市群共计

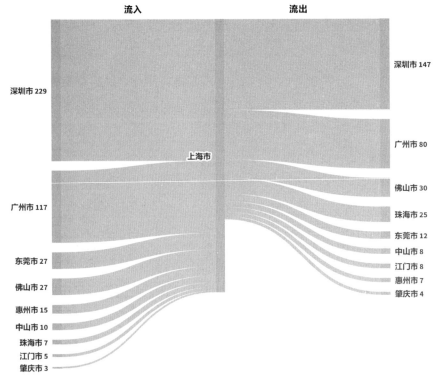

图 4-7　2021 年上海对珠三角城市线下消费流（单位：亿元）

---

[1] 珠江三角洲城市群，简称"珠三角"，主要包括"广佛肇"（广州、佛山、肇庆）、"深莞惠"（深圳、东莞、惠州）、"珠中江"（珠海、中山、江门）共计 9 个城市。

吸纳流入消费 444.35 亿元，面向珠三角城市群的消费外流总额为 324.81 亿元，上海对珠三角的消费吸纳力明显强于消费外流，消费呈现净流入局面。深圳市和广州市是上海与珠三角消费网络中的两个重量级城市，深圳市与上海的消费联系尤为紧密，两市 2021 年与上海间的消费流分别达 376.87 亿元和 197.79 亿元，在珠三角 9 市与上海的消费往来中占比共计超七成。

流入消费方面，珠三角城市群流入上海的消费达 444.35 亿元。其中，深圳市和广州市是上海流入消费的两个最主要来源城市，二者贡献的流入消费额分别达 229.46 亿元和 117.47 亿元，远超其他 7 市。相比较而言，深圳市流入上海的消费规模尤为庞大，单市贡献的消费流入额已超珠三角其他 8 市之和，连续两年稳居珠三角城市群中流入上海消费额首位。对比 2020 年，深圳市为珠三角流入上海消费中唯一正增长的城市，同比大幅增长 31.86%。

流出消费方面，珠三角城市群吸纳上海市的消费规模同样低于其流向上海市的消费规模。深圳市和广州市为珠三角吸纳上海消费的主力，2021 年二者分别吸引上海消费额 147.41 亿元和 80.32 亿元，包揽了珠三角吸纳上海消费总量的七成。纵向来看，深圳市为珠三角对上海消费吸引力唯一正增长的城市，吸纳的上海消费额从 2020 年的 119.30 亿元提升至 2021 年的 147.41 亿元，同比增长 23.56%。

（四）上海与京津冀[1]的消费往来

整体来看，2021 年上海与京津冀城市群的消费往来数额共计 1308.16 亿元，同比 2020 年下滑 25.21%。其中，上海从京津冀城市群共计吸纳流入消费 800.75 亿元，面向京津冀城市群的消费外流总额为 507.41 亿元，上海消费呈现净流入局面。北京市作为京津冀都市圈的核心城市，与上海的

---

[1]　京津冀城市群包括北京市、天津市，河北省保定市、唐山市、廊坊市、石家庄市、秦皇岛市、张家口市、承德市、沧州市、衡水市、邢台市、邯郸市和河南省的安阳市。

消费往来最为密切，2021 年北京市与上海市的消费来往总额高达 651.17 亿元，在整个京津冀与上海间的消费流中占比近五成。天津市和石家庄市处于第二梯队，二者与上海间的消费往来总额分别为 174.67 亿元和 139.53亿元。

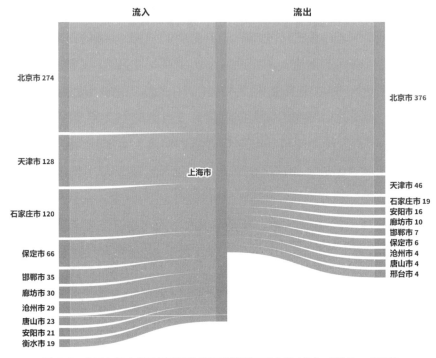

流入　　　　　　　　　流出

北京市 274

天津市 128

石家庄市 120

保定市 66

邯郸市 35

廊坊市 30

沧州市 29

唐山市 23

安阳市 21

衡水市 19

上海市

北京市 376

天津市 46
石家庄市 19
安阳市 16
廊坊市 10
邯郸市 7
保定市 6
沧州市 4
唐山市 4
邢台市 4

图 4-8　2021 年上海对京津冀线下消费流 TOP10 城市（单位：亿元）

流入消费方面，京津冀城市群对上海的流入消费达 800.75 亿元。其中，北京市稳居流入上海各城市消费额之首，单市在京津冀流入上海消费中占比达 34.29%。天津市和石家庄市是流入上海消费的两个次核心城市，二者贡献的流入消费额分别达 128.23 亿元和 120.29 亿元，量级远超除北京外的京津冀其他城市。上述三市包揽了京津冀流入上海消费的 65.33%。对比2020 年，沧州市、衡水市、保定市、天津市、承德市和廊坊市流入上海消费均呈正向增长，其中前三者增幅均超 80%，天津市增幅也在 50% 以上，显示出上海消费市场的强大吸引力。

流出消费方面，京津冀城市群吸纳上海市的消费规模低于对其流入上海的消费规模。北京市为京津冀吸纳上海消费的绝对主力，2021年单市吸引上海消费额高达376.59亿元，包揽了京津冀对上海吸纳消费总量的74.22%。

（五）上海与郑洛西城市群[1]的消费往来

整体来看，2021年上海与郑洛西高质量发展合作带相关城市的消费往来数额共计876.55亿元，同比2020年下滑28.18%。其中，上海从郑洛西城市群共计吸纳流入消费594.85亿元，面向郑洛西城市群的消费外流总额为281.70亿元，上海消费呈现净流入局面。同时，上海与郑洛西的消费往来主要集中于郑州市，2021年郑州市与上海市的消费来往总额高达422.09亿元，远超郑洛西其他城市，在整个郑洛西城市群与上海间的消费流中占比达48.15%。西安市和洛阳市分列第二和第三位，二者与上海间的消费往来

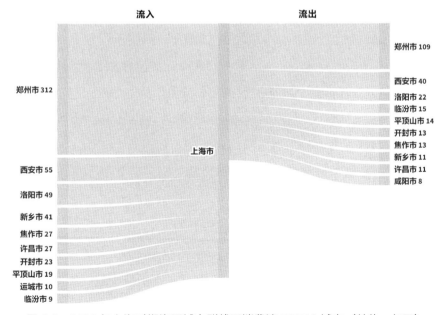

图4-9 2021年上海对郑洛西城市群线下消费流TOP10城市（单位：亿元）

[1] 郑洛西城市群主要包括郑州市、西安市、洛阳市、新乡市、焦作市、许昌市、开封市、平顶山市、运城市、临汾市、三门峡市、宝鸡市、咸阳市、渭南市、商洛市、铜川市和济源市（省直辖）17个城市。

总额分别为 95.94 亿元和 72.17 亿元。

流入消费方面，郑州市稳居首位，消费额达 312.24 亿元，超出第二位的西安市四倍之多，单市占比超五成，是郑洛西流入上海消费的最主要集中点。西安市、洛阳市和新乡市对上海流入消费的贡献额均在 40 亿元以上，分别为 55.55 亿元、49.78 亿元、41.17 亿元，虽然排名均属前列，但其规模仍远落后于郑州市。对比 2020 年，郑州市流入上海消费呈现正向小幅增长，同比增幅为 1.80%。

流出消费方面，郑洛西城市群对上海市消费的吸引力相对较低，2021 年吸引上海消费额共计 281.70 亿元。郑州市同样为郑洛西吸纳上海消费的主要城市，2021 年单市吸引上海消费额达 109.84 亿元，在郑洛西城市群对上海吸纳消费总量中占比 38.99%。

（六）上海与成渝城市群[1]的消费往来

整体来看，2021 年上海与成渝城市群的消费往来数额共计 494.28 亿元，同比 2020 年下滑 47.54%。其中，上海从成渝城市群共计吸纳流入消费 268.65 亿元，面向成渝城市群的消费外流总额为 225.63 亿元，上海消费呈现净流入局面。同时，上海与成渝城市群的消费往来主要集中于重庆和成都两个核心城市，二者与上海市的消费往来额分别为 224.91 亿元和 189.51 亿元，远超成渝城市群其他城市，两市包揽了整个成渝城市群与上海间消费流的 83.84%，具有极强的集中度。

流入消费方面，重庆市位居成渝城市群中流入上海消费首位，消费额达 143.25 亿元；成都市紧随其后，流入上海消费额为 97.93 亿元。二者包揽了成渝城市群流入上海消费额的九成，其余 14 市消费贡献规模均较小。

流出消费方面，成渝城市群对上海市消费的吸引力相对较低，2021 年

---

[1] 成渝城市群主要包含成都市、重庆市、绵阳市、泸州市、宜宾市、南充市、德阳市、达州市、乐山市、眉山市、广安市、自贡市、内江市、遂宁市、资阳市和雅安市共计 16 个城市。

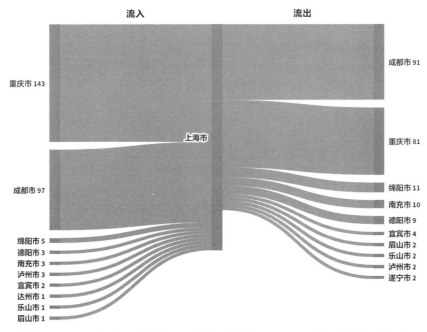

图 4-10　2021 年上海对成渝城市群线下消费流 TOP10 城市（单位：亿元）

吸引上海消费额共计 225.63 亿元。成都市和重庆市同样为成渝城市群吸纳上海消费的主要城市，2021 年两市分别吸引上海消费额 91.58 亿元、81.67 亿元，在成渝城市群吸纳上海消费总量中共计占比 76.78%。

三、存在问题

（一）疫情反复下上海与外省市整体消费往来活力下降

双循环格局背景下，上海国际消费中心城市建设也需要将城市间消费发展引入新的高度。2021 年国内疫情多次反复，上海与全国各兄弟省市间的消费往来明显下降，与其经济腹地长三角地区其他城市、长江中游城市群及成渝城市群之间的消费往来活跃度下降较快。在零星点状散发疫情仍然制约着城际间人员流动，同时线上消费日益火爆的背景下，上海与外省市整体消费同比下降属于合理现象，但在国内部分头部大城市与上海消费往来规模逆势增长的背景下，相比较来看，长三角其他城市、长江中游城市群及成渝城市群与上海的消费流规模下降幅度均在 30% 以上，需要引起足够的重视。

（二）上海消费吸引力优势受到挑战

从长三角城市群消费网络结构来看，上海占据网络中的核心地位，但从 2021 年上海的流入消费与流出消费的对比来看，二者规模几乎相当，上海在与长三角其他城市的消费竞争中优势并不明显。上海的强消费吸引力并未能实现长三角城市网络的全覆盖，特别是对地处苏北、安徽大部分的城市影响力有限。

近年来，在长三角新消费的培育中，上海对苏浙皖地区的引领作用明显，成为消费新业态孵化、集聚和体验的中心。随着全国范围内的疫情防控常态化，各城市的线下消费互动有所减弱，杭州、南京、苏州等作为长三角地区新业态的高潜力城市，正充分抓住国潮消费、体验消费等新消费潮流，借助首店首发模式，融合本地特色，制造消费热点，提升当地消费吸引力。部分新商业模式在城市间的迅速复刻使得上海在长三角的消费竞争中面临更大挑战，是上海进一步提升自身消费吸引力的不利因素。

四、对策建议

（一）坚持消费中高端定位，培育城市特色品牌

重点锁定中高端消费定位，注重强化国际定位，坚持与长三角其他城市错位竞争。一是要牢牢把握《打响"上海购物"品牌，加快建设国际消费中心城市三年行动计划》重大战略机遇，通过内贸外贸协同联动，积极引进国际化高端品牌门店、高能级品牌研发中心、品牌咨询机构等；二是要积极培育引领性本土品牌，创新老字号品牌，融合上海文化特色，打造具有全国乃至全球标识度的城市专属品牌；三是商业规划上要避免各区盲目扩张商业用地，重点支持高品质购物中心建设，增加对中高端消费电商平台的支持和孵化，着力打造辐射长三角地区的五个新城商业新增长极，强化上海在长三角城市中的高品质消费中心城市地位。

（二）加强城市联动，提升消费活力

推动上海与周边大城市、全国友好城市、对口支援地区的优质消费资源整合与对接。一是通过协同举办消费购物节，实现城市间资源互通、经验共享、品牌互补和消费共振，释放"1 + 1>2"的消费效果；二是要加强长三角会商旅文体联动发展，充分利用区位优势对外打造具有全球吸引力的文旅名片，提升消费空间集聚效应，打造长三角各类消费市场的协同集群发展，实现区域间产业链拓展与升级；三是进一步打破干扰区域消费要素自由流动的壁垒，构建良好的市场机制和消费环境，在长三角消费市场的竞合中提供更为多元化的消费选择。

第二节　上海免税及退税消费与双循环战略链接

在国际消费中心城市建设进入快车道之际，免税及退税经济成为全国各大城市的竞争热点，2020 年海南省离岛免税新政于 7 月 1 日起实施以来，截至 8 月 31 日，海关共监管离岛免税购物金额达 55.8 亿元，同比大幅增长 221.9%，其中化妆品的购买量和金额均稳居首位。对此，《上海市国民经济和社会发展第十四个五年规划和二〇三五年远景目标纲要》中提到"大力发展首发经济、品牌经济、免退税经济和夜间经济等，增加高端消费供给，打造全球新品首发地"。细化来看，《上海市建设国际消费中心城市实施方案》《全力打响"上海购物"品牌 加快建设国际消费中心城市三年行动计划（2021—2023 年）》多次提到"大力发展免退税经济"。免税及退税经济已成为上海持续深化对外开放，发挥辐射带动作用，打造国内国际双循环战略链接的重要举措之一。

2021 年，上海免税及退税消费在世界疫情仍然艰难之际也迎来了稍许修复，上海也正在努力寻求弥补与国际、国内免税及退税消费高地的差距，这是在国际消费中心城市建设中必须要突破的瓶颈，这一轮的蓄势待发将瞄

准后疫情时期可能出现的消费契机。

一、上海发展免税消费的背景和市场环境

（一）我国居民消费升级愿望迫切

改革开放以来，我国居民的可支配收入显著提升，叠加近 20 年来房地产价格上涨带来的巨大财富效应，新中产阶级和富裕家庭快速增长。其中，高净值人群（按照国际惯例通常指净资产在 500—3000 万美元的人群）增速明显加快。根据消费市场大数据实验室基地网络科技有限公司统计，2021 年中国高净值人群净资产规模达到 50 万亿美元（约合 320 万亿人民币），同比增长 21%。中国消费者对消费升级的需求日益突出，庞大的消费能力亟待释放。

（二）国内高端商品市场发展不充分刺激跨境电商交易

公开数据显示，2012—2021 年，我国跨境电商交易规模从 2.1 万亿元猛增到 14.6 万亿元，年均增速高达 21.4%；同时疫情前我国居民境外消费的规模也一直维持在每年 2600 亿美元左右。由此可见，需求端潜力巨大，

（万亿元）

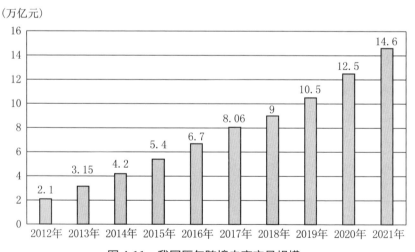

图 4-11　我国历年跨境电商交易规模

数据来源：根据公开信息整理。

但国内供给端供给不足，高端商品市场发展不充分，未能有效满足中高收入群体的消费需求，从而导致这部分消费者很大规模地流向境外消费市场。

（三）疫情下高端消费回流趋势明显

2020 年以来，受新冠疫情持续蔓延的影响，我国居民出境旅游基本中断，且目前海外疫情仍时有反复，预计短期内难以大规模恢复，这使得大量海外消费能力亟待找到释放的出口。国内也出现了各地奢侈品商场大排长龙的景象。贝恩数据显示，中国境内个人奢侈品市场在 2021 年预估达到 4710 亿人民币，而 2019 年全年全国居民在海外的消费为 2546 亿美元（约合 16000 亿元），高端消费品市场在国内的销售潜力巨大。因此，需要开辟新的零售渠道来满足这部分高端消费的需求。

（四）海南省免税零售抢占先机

2020 年 3 月，国家发改委等 23 个部门联合印发《关于促进消费扩容提质加快形成强大国内市场的实施意见》，首次提出要加快建设中国特色的免税体系。之后，北京、广东、湖北等多地也纷纷出台政策支持免税经济发展。根据《2021 年海南自贸港旅游零售业白皮书》公布的数据，2015—2019 年海南省的免税零售发展势头良好，基本保持在平均每年 20% 左右的速度增长。得益于 2020 年 7 月 1 日生效的离岛免税新政，海南自贸港的免税零售业得到了极大的推动。据海南省商务厅最新公布数据显示，自 2020 年 6 月 1 日至 2021 年 5 月 31 日，海南自由贸易港建设总体方案发布一周年以来，全岛免税店共销售免税品 455 亿元，同比增长 236%。2021 年海关共监管海南离岛免税购物金额 495 亿元，购物人数 672 万人次，购物件数 7045 万件，人均购物金额 7368 元，与上年相比分别增长 80%、49.8%、107%、20.2%。海南省政府预计离岛免税销售额 2022 年达到 155 亿美元（约合 990 亿元），到"十四五"收官时达到 465 亿美元（约合近 3000 亿元）。得益于国家的政策红利，海南省的免税零售迅速占据市场份额。

（五）上海具备发展免税消费市场的有利条件

一方面，免税消费渠道较为齐全。上海的免税消费市场起步较早且免税购物渠道较为齐全，除去离岛免税尚不具备外，3 大类 7 个渠道基本实现全覆盖，包括市内免税店（回国人员市内免税店、市内离境免税店）、口岸免税店（出境免税店、进境免税店）、运输工具免税店（机上免税、供船免税及其他国际运输工具免税等）。目前全市已经形成"以两大机场店为基础，市内店为下一步发展重点，邮轮口岸店为补充"的免税店整体格局。全市免税店总经营面积已超过 25000 平方米，其中机场店占比超过 70%。

表 4-1　上海免税店情况一览表

免税店位置	面积（平方米）	经 营 主 体
浦东机场	17000	日上免税行（上海）有限公司（中免控股）
虹桥机场	2000	
吴淞口国际邮轮港	2250	上海港中免免税品有限公司（中免集团控股 51%）、上海吴淞口深免免税品有限公司（深圳免税品集团控股 51%）
上海港国际客运中心	200	上海港中免免税品有限公司
铁路上海站（沪港专线）	50	上海港中免免税品有限公司
市内补购店（悦达 889 广场）	3300	中国出国人员服务总公司上海分公司
市内免税店（陆家嘴尚悦广场）	900	中免集团北京首都机场免税品有限公司上海市内免税店分公司

另一方面，上海奢侈品消费地标城市地位突出。2019 年，上海全球零售集聚度已位居全球城市第二，世界高端知名品牌集聚度超 90%。近两年，FENDI 芬迪、CHANEL 香奈儿、LV 路易威登、COACH 蔻驰等均在沪举办了首发活动，这都使得上海成为中国当之无愧的奢侈品消费地标城市。疫情期间，在全国各城市社零普遍下滑之时，上海实现社零额 1.59 万亿元，

同比增长 0.5%，其中以国际奢侈品牌为主导的高端消费品销售的快速回暖和增长，对整体增长起到重要的拉动作用。

二、2021 年上海境外人士退税消费主要情况

（一）疫情有效控制使本年度境外人士退税消费大幅上升

2021 年，得益于新冠疫情的有效控制，境外人士在沪退税消费达到 2.21 亿元，同比 2020 年增长 72.61%，增幅较高。但受到疫情防控常态化影响，2021 年境外人士在沪退税消费仍仅为 2019 年的 43.81%，还未得到完全恢复。2021 年全年仅 1 月、10 月、12 月同比 2020 年为负增长，其余各月同比均实现较大幅度正增长，共有 6 个月的同比增长幅度实现倍增。其中，3 月同比增长最高，达 1314.76%，这与 2020 年 3 月新冠疫情在全球大流行而 2021 年同期疫情已得到较好控制有关。5 月受到"五五购物节"的强势拉动作用，境外人士在上海的退税消费同比增长达 1159.79%，为全年增幅次高。

从区级层面看，仅静安区同比大幅增长 156.10%，是 2021 年境外人士在沪退税消费增长的主要力量。其余各区都呈现出下跌趋势，其中退税消费体量较大的行政区降幅相对缓和。从退税消费的各区分布来看，静安区、黄浦区、浦东新区境外人士退税消费额在 2000 万元以上，位于第一梯队；徐汇区、长宁区和青浦区境外人士退税消费额在 60 万元以上，位于第二梯队；其他各区境外人士退税消费额在 10 万元以下，位于第三梯队。

表 4-2 2021 年 1－12 月上海市境外人士退税消费额及同比（单位：万元）

行政区	2020 年退税消费额	2021 年退税消费额	同比
静安	6404.88	16403.13	156.10%
黄浦	3292.59	3138.73	−4.67%
浦东	2272.41	2056.34	−9.51%
徐汇	430.23	315.07	−26.77%

（续表）

行政区	2020 年退税消费额	2021 年退税消费额	同比
长宁	244.38	119.05	−51.28%
青浦	150.80	69.74	−53.75%
普陀	0.00	0.18	/
闵行	7.50	0.00	−100.00%
杨浦	1.71	0.00	−100.00%
总计	12804.50	22102.24	72.61%

（二）头部商圈境外人士退税消费占比提高

境外人士退税消费最高的四大商圈分别是南京西路商圈、外滩商圈、小陆家嘴—张杨路商圈和淮海路商圈，退税消费额均达 1000 万元以上。2021 年，四大头部商圈境外人士退税消费额占比达 96.47%，比 2020 年提高 5.42 个百分点。其中南京西路商圈退税消费额为第二名的 8.4 倍，相比 2020 年（为第二名的 3.2 倍）体量遥遥领先，头雁位置更为牢固。排名第四后的各商圈中，南京东路商圈同比实现了较快增长，同比增幅达到 51.22%。

表 4-3　2021 年上海市各商圈境外人士退税消费额及同比（单位：万元）

商　圈	2020 年退税消费额	2021 年退税消费额	同比
南京西路商圈	6402.50	16402.44	156.19%
外滩商圈	2021.35	1945.09	−3.77%
小陆家嘴—张杨路商圈	2006.84	1933.13	−3.67%
淮海路商圈	1286.30	1042.24	−18.97%
南京东路商圈	165.25	249.89	51.22%
徐家汇商圈	249.63	216.58	−13.24%
天山商圈	219.91	110.02	−49.97%
佛罗伦萨小镇	177.70	92.28	−48.07%

（续表）

商　圈	2020 年退税消费额	2021 年退税消费额	同比
赵巷商圈	150.80	69.74	−53.75%
旅游度假区商圈	87.79	30.93	−64.77%
古北商圈	23.70	5.05	−78.69%
虹桥商务区商圈	0.00	3.99	／
苏河湾商圈	2.39	0.69	−71.13%
梅川商圈	0.00	0.18	／
南方商圈	7.11	0.00	−100.00%
五角场商圈	0.99	0.00	−100.00%
中山公园商圈	0.77	0.00	−100.00%
定海路商圈	0.72	0.00	−100.00%
莘庄商圈	0.39	0.00	−100.00%
打浦桥商圈	0.29	0.00	−100.00%
世博—后滩商圈	0.09	0.00	−100.00%
总　计	12804.51	22102.24	72.61%

（三）太平洋沿岸国家和地区的境外人士退税消费额最高

2021 年，境外人士退税消费来自 19 个国家和地区，仅为 2020 年同期来源国家和地区数量的三成。其中，来自太平洋沿岸国家和地区的境外人士是最主要的退税消费群体，包括澳大利亚、美国、新加坡、加拿大、日本和韩国等国家和中国香港、澳门、台湾地区。这 8 个国家或地区的境外人士在沪退税消费额依次占据 1—8 位，合计消费占比 99.54%，较 2020 年同期提高 8.18 个百分点。

三、存在问题

（一）免税方面

1. 本地免税运营主体缺乏

目前，国家共发放了 10 张免税牌照，其中中国中免 3 张（中免、日上、海免）占据绝对的优势，广东省、北京市、海南省也分别拥有本地企业控股的免税运营商。考虑到上海在我国免税消费市场的地位和作用，尚没有一家地方企业能通过准入，进入免税零售市场参与竞争，这对于上海进一步扩大免税业务，更好促进消费回流都是一个比较大的局限。海南经验证明免税业适度竞争有利于做大市场规模，优化服务环境，更好服务于国家扩大内需消费的战略部署。

表4-4 我国持有免税经营牌照的10家公司

公司	控股股东	成立时间	牌照性质	业务区域	口岸免税	离岛免税	市内免税	其他类型
中免	中国中免	1984	全国性	国内33省/地区，柬埔寨	√	√	√	√
日上免税	中免	1999	机场专营	北京，上海	√			
海南免税	中免	2011	区域性	海南	√	√		
珠海免税	格力地产	1987	区域性	珠海，天津	√			
深圳免税	深圳国资委	1980	区域性	深圳、西安、瑞丽、霍尔果斯	√			
中出服	国药集团	1983	区域性	11个省市	√		√	
中侨免税	中国旅游集团	1991	市内专营	哈尔滨			√	
海旅投	海南省国资委	2019	离岛专营	海南省		√		
海南发展	海南国资委	2005	离岛专营	海南省		√		
王府井	首旅集团	1955	预判有望为全牌照					

2. 免税消费渠道发展不平衡

虽然上海免税购物渠道较为齐全，但发展却极不平衡。2021年，新冠疫情影响还在持续，浦东机场旅客吞吐量尽管较2020年增长5.5%，较2019年仍然下降近6成，上海免税消费主要依靠机场免税业务，因此最终全市实现免税销售额3.5亿元，仍未恢复至2019年水平。应该看到，上海市真正意义上的市内免税店仅有陆家嘴尚悦广场一家，中服旗下悦达889市内补购店消费对象限制较多，销售面积也十分有限，难以有效满足上海市内免税市场需求。市内免税店最早起源于韩国，相较于机场免税店，其最大的优势在于面积更大、品类更全、客户停留时间更长。以韩国为例，每年免税消费规模中有77%是由市内免税店贡献的。未来若免税额度放宽，市内免税店将有极大的成长空间。

3. 免税消费品类、价格缺乏优势

免税品牌品类不够丰富，国产免税品牌较少。韩国《关税法》规定：鼓励中小企业品牌进入免税店，免税店必须设立不低于20%面积销售国产商品。2019年，韩国本土化妆品、旅游食品和保健品销售额占比达41%。而我国免税店进口商品销售品类占95%以上，国产品牌仅限个别烟酒类商品，国产品牌进入免税店销售还缺乏面积规定和销售退税等配套政策。目前上海的免税商品过于偏重拥有价格优势的香化类商品，百货类商品的品牌品类仍然非常欠缺，尚不能满足旅客丰富多样的消费需求。此外，从全球免税商品价格指数的统计排名来看[1]（指数越低表示价格越具有竞争力），从低到高依次为韩国乐天（76）、新世界（76）、新罗（78）、泰国王权（86）、上海日上（94）和三亚国际免税城（102）。上海的免税商品在全球免税零售市场来看，价格上也不具备绝对的优势。

4. 免税消费的政策还待突破

根据对海南离岛免税购物情况的分析，其非但未受到疫情的冲击而销售下滑，2020年7月1日新政实施无疑又是重大利好。之前受到限额的规定，免税消费主要集中在单价较低的香化产品。政策放宽后，单价超过8000元的免税品消费同比增长4.2倍，手机、平板电脑等便携式电子产品销售额激增。目前除海南省以外，全国市内免税店的购买对象仍仅限境外旅客，且居

---

[1] 数据来源：杰西卡的秘密App，实时统计全球免税商品价格，通过综合计算得出价格指数。

民旅客进境免税限额也严格限制在 8000 元，服务对象和额度提升上还有待进一步突破。

（二）退税方面

1. 退税消费服务水平需要进一步提高

2021 年，上海退税消费额占全国退税消费总额比例达 65.75%，但对标国际各大旅游消费城市，上海在退税商店门店数量、退税服务使用频率和退税服务处理时长上仍存差距，需要进一步精进完善。从退税商店门店数量看，上海目前共有 512 家离境退税商店，远少于新加坡 4000—5000 家退税商店。从退税服务使用频率看，512 家退税商店中，仅 5 家门店每月开单，距离稳定提供退税服务阶段仍有较大差距。从退税服务处理时长看，上海目前仅批准 47 家"即买即退"商店，主要集中于恒隆百货、大丸百货、青浦奥莱、芮欧百货、佛罗伦萨小镇、第一百货、八佰伴等，但这些商店退税单的开单与受理时间仍存在较大时滞，最长达近 3 个月，提供给境外人士的便利程度有待加强。

2. 市场需求呼唤起退门槛进一步下调

购物退税服务有待做大市场，起退金额有下调空间。日本、新加坡、韩国等均有 5—10 家各类金融机构进入退税服务市场，2019 年，东京等城市退税商店日均开单在 10000 单以上。目前上海市退税代理机构为中国银行上海分行一家，国内外非银行机构无法进入国内退税服务市场，无法形成竞争机制，也就无法做大退税市场。同时，购买退税物品起退点为 500 元，而日本为 5000 日元（约 300 元人民币）、韩国 30000 韩元（180 元）、德国 25 欧元（195 元）。通过调研上海豫园商城、波特曼酒店等发现，境外旅客购买国产老字号工艺品、茶叶平均客单价 150—200 元，需要通过政策调整加大国内地方特色旅游纪念品、伴手礼国际推广力度。

3. 退税消费仍然深受疫情影响

2021 年，尽管新冠疫情在我国得到较好的控制，但在世界范围内，疫情远未结束，在与上海退税消费往来密切的太平洋国家中，美国、澳大利亚、新加坡、加拿大、日本和韩国仍饱受疫情困扰，尤其是美国，单日确诊病例竟曾超过 100 万例。我国为应对输入型疫情也采取了相应措施，国际人员往来必然大受影响，特别对于旅游购物等非必要的国际人员往来影响更甚。在世界范围内新冠疫情终结尚未有时间表的情况下，退税消费的恢复困难很大，但疫情一旦结束，不排除退税消费会有井喷式增长。

四、对策建议

（一）免税方面

1. 发展市内免税店

考虑在南京路步行街、虹桥商务区、北外滩、国际旅游度假区、临港自贸区新片区等中外游客、商务人士集中度较高的区域设置市内免税店，加快完善免税消费商业布局。保证市内免税店的营业面积和仓储面积。在市中心区域，要积极盘活传统零售商场空间，鼓励将其部分区域改造成免税商品展示区，实现免税消费的多渠道"线下体验"。

2. 实现免税销售模式数字化创新

依靠网络零售科技优势和国际品牌供应链的整合能力，探索建立集"免税、保税、完税"销售于一体的新商业模式（将保税展示商品完税后通过电商平台销售）。加紧研究财税和人才政策，积极争取有免税经营牌照的公司在上海设立网络科技平台公司，发挥上海平台、物流、资金等优势，通过电商业务的统一运营，将免税消费的溢出效应辐射到全国。

3. 做好形象宣传，打造品牌效应

抓住上海全力打响"购物品牌"的重要战略机遇，借助"进博会"等平台积极推广上海免税购物的整体形象宣传工作。积极争取世界免税协会（TFWA）将上海作为"国际免税博览会"的举办地，吸引全球知名品牌和免税经营商参加，扩大国际交流合作，共同促进中国免税市场开发，进一步提升上海在全球免税领域的影响力。

4. 寻求免税政策突破

在国家政策框架下，设计完善上海的免税购物政策体系。结合"十四五"商业网点规划的编制，做好市内免税店的选址工作。参照海南离岛免税限额放宽至 10 万元的做法，研究提高上海个人进境免税购物额度的可能性，争取将目前每位旅客 8000 元的标准大幅提高。同时，借鉴海南、韩国、日本等市内免税店发展经验，综合考虑城市规划布局、消费对象和水平等因素，适时放宽市内免税店数量和面积规模控制，逐步实现本市免税市场均衡发展、有序竞争、接轨国际的目标。

（二）退税方面

1. 突破退税政策瓶颈，提高市场专业化服务水平

支持国内外专业机构进入退税服务市场，推动退税服务国际化和市场化，提升国际旅客退税便利度和体验度。将购物起退点从 500 元降到 200 元左右。进一步促进优秀国产日用消费品牌走向国际市场。

2. 深入调研市场，为退税消费提供高水平供给

丰富退税商品涵盖的品类和价格区间，鼓励商户积极利用大数据和访谈等调研工具，精准锁定境外人士的消费需求，提供与市场更适配的商品，创造更多消费机会。营造世界顶尖的高端消费环境，通过附加服务提升消费体验，使境外人士感受到在沪消费升级带来的效用提升，将上海打造为全世界为之向往的品质消费高地。

3. 优化退税购物环境，为退税消费的恢复做好准备

上海应努力缩小与国际各大旅游消费城市之间的差距，为境外人士在沪消费营造良好环境，打造顶尖消费市场。针对离境退税商店的数量和布局进行优化，通过在境外人士的聚居区增设退税商店，同时综合考虑退税门店在各大商圈的分布，力求规模效应和协同效应，形成境外人士退税消费圈。同时，努力提高退税服务的处理效率，进一步增加"即买即退"门店数量和缩短退税单处理时长，使境外人士在沪消费更为便利，刺激潜在退税消费需求。

第五章

"十四五"时期上海建设国际消费中心城市的难点与举措

上海市第十二次党代会报告指出,"上海建设具有世界影响力的社会主义现代化国际大都市,是我国建设富强民主文明和谐美丽的社会主义现代化强国的一个缩影。这既是富有开拓性的宏伟事业,更是极具创造性的探索实践。"当前进入"十四五"时期,上海大步走进了一个极为关键的五年,而面对错综复杂的外部形势,有必要较为全面地分析客观环境与主观环境所产生的不利因素,从而积极应对各项挑战,更好服务国际消费中心城市的建设目标,更好融入和服务新发展格局。

第一节 "十四五"时期上海建设国际消费中心城市的难点

一、客观环境带来的不利因素

(一)全球经济增长预期偏弱,消费需要逆势加强支撑

新冠疫情肆虐全球仍是威胁世界经济复苏的重要因素。截至 2021 年 12 月 31 日,全球报告的新冠病例超过 2.87 亿例,死亡人数超过 540 万。其中,累计新冠确诊病例数排名前三位的国家是美国、印度、巴西,三者累计确诊病例数合计达 1.12 亿,占全球累计新冠确诊病例数的 39.15%。累计新冠死亡病例数排名前三位的国家是美国、巴西、印度,占全球累计新冠死亡病例数的 35.79%。疫情持续反复,影响世界经济增长。2021 年,全球经

历了三轮较大规模的疫情反复，经济复苏也因此受到严重影响，经济增长波动较大。以美国为例，2021年第三季度实际国内生产总值（GDP）按年率计算增长2%，增幅远不及前两季度的6.3%和6.7%。而在第四季度，增长则达到7%，波动幅度较大。2021年12月美国消费者价格指数（CPI）同比上涨7%，创40年来最大涨幅。高通胀压力也让经济复苏面临重大风险。

年末出现的奥密克戎变异株对经济复苏产生了严重的威胁。当疫情再度扩散，各国随之加强防疫措施，这势必导致全球产业链、供应链再次受到冲击。限制出行、保持社交距离等疫情防控措施使得全球旅游业遭遇重创，服务业在疫情冲击下步履维艰。但同时新冠疫苗接种范围不断扩大、疫情防控经验的不断累积，使得疫情初期大规模停工停产的情况不再重演，疫情防控常态化让疫情对经济增长的制约逐渐减弱，这都为经济复苏提供了坚实的基础。

据世界银行测算，全球整体通胀率在2021年升至5.2%，相较于过去十年的总体趋势，上升了2个百分点。2021年的通胀水平主要受供应链危机、大宗商品价格高企影响，同时需求侧表现出后疫情时期的明显反弹。能源价格飙升对抬升通胀作用显著，尤其在美国和欧洲，天然气、石油、煤炭、电力等价格都大幅抬升，除了需求回升外，地缘政治风险成为能源价格居高不下的重要推手。另据国际货币基金组织预测，2022年发达经济体的平均通胀率预计为3.9%，新兴市场和发展中经济体为5.9%，虽然目前美欧等发达经济体备受通胀问题困扰，然而未来新兴市场和发展中经济体通胀压力更大。由于收紧货币政策过快会阻碍经济复苏，各国央行需要一连串有序而有效的操作。美联储的操作仍被视作对全球市场有"锚定"作用，但各国的政策目标和能力有所差别，2022年存在较大通胀失控的风险。

联合国贸发会（UNCTAD）数据显示，2021年，世界货物贸易保持强劲，服务贸易最终恢复到疫情前的水平。2021年全球贸易总额28.5万亿美元,同比增长 25%,比 2019 年疫情暴发前高出 13%。全球贸易预计与经济的整体扩张步伐一致,将在 2022 年有所放缓。在疫情可能有所缓解的预期下,供给链问题可能在 2022 年晚些时候消退,但由于需求增长有限,商品贸易的增长趋势将有所减缓,而跨境服务贸易(特别是旅游)预计仍将疲软。供应链的修复仍将对 2022 年的国际贸易产生重要影响,对关键制造商的依赖也凸显了供应链瓶颈,例如汽车和半导体的生产,主要生产商的产出中断或延迟交付限制了相关行业的产量。供应链危机已经或正在重塑企业的供应策略,生产商削减库存以避免额外的存储成本,使得零售商可能无法有效应对消费者需求的波动。2022 年,服务贸易有望得到一定改善,但这仍然取决于疫情进展以及各国经济复苏情况,例如 2021 年三季度美欧重新开放带来跨境旅游出现反弹,反弹势头有可能延续至 2022 年。

此外,据联合国贸易和发展会议(UNCTAD)报告,2021 年全球 FDI 总额达到 1.65 万亿美元,同比 2020 年增长 77%,超过了疫情前水平。其中,流入发达经济体 FDI 增长最快,其 2021 年 FDI 估计是 2020 年的 3 倍,流入美国的资金增加了一倍多;流入发展中经济体的 FDI 增长 30%,其中东亚和东南亚增长加速,拉美和加勒比地区已恢复到接近疫情前水平,西亚也有所回升。在后疫情时代,发展中国家对 FDI 的渴望或将更加迫切,然而 FDI 向更具经济基础的发达经济体倾斜,似乎表明资本正在向有稳定供应链体系和销售体系的经济体回归,发展中国家 FDI 的强劲增长将在经济角色重构和稳定之后出现。

根据国际货币基金组织 IMF 对 2022 年全球经济的最新预测,2022 年全球经济增长下调至 4.4%,其中中国经济增长 4.8%、美国经济增长 4.0%;世界银行在 2022 年 1 月更新了对 2022 年全球经济的展望,下调 2022 年全球经济增长预测至 4.1%,其中中国经济增长 5.1%、美国经济增长 3.6%。两大权威机构对 2022 年经济前景的预测都不约而同下调。尽管 2021 年世界正在努力摆脱新冠肺炎疫情的负面影响,但是此次疫情的确对全球一体化进程形成严重冲击。值得注意的是，在此之前，全球一体化还遭受了保护主义、民族主义抬头的挫折。

每一个国家都需要寻找增长的动力，新的一年各国普遍面临通胀压力、贸易放缓、FDI 回归等经济大环境，那些没有强大内需作为根本经济支撑的国家，在贸易摩擦预期加强的世界经济环境中，将更加感受到时局的动荡和艰难。在较低增长预期的重压之下，各国博弈的最终目的也只为本国利益，以国际货币基金组织、世界银行、世贸组织等为代表的战后形成的国家和地区间经济发展协调机构将难以发挥重要的作用，全球经济一体化可能会面临货币金融政策、贸易投资政策等的各自为营，在冲突与秩序重构的动荡期，必须寻找内需或者利用区域影响力产生持久而稳固的外需。因此建设国际消费中心城市也是应对偏弱经济前景预期的先手布局。

（二）国内经济呈现需求收缩、预期转弱的压力

投资方面，2021 年的各项经济指标在 2020 年的低基数效应下普遍修复，但在通过观察两年平均增速来剔除低基数效应的影响干扰后，可以发现房地产投资和基建投资这两大传统稳增长动能在过去两年的平均增速，仍显著低于疫情前 2019 年水平（房地产投资从 9.9% 下滑到 5.7%，基建投资从 3.3% 下滑到 1.8%）。分单年度来看，2021 年房地产开发投资同比增速由 2019 年的 9.9%、2020 年的 7% 降至 4.4%，主要因"三条红线""两个上限""两集中"等管控政策起作用所致；2021 年基建投资同比增速由 2019 年的 3.3%、2020 年的 3.4% 回落到 0.2%，主要因传统基建发展减速所致。2022 年要做好房地产、基建这两大传统稳增长动能继续转型、增速减弱的防范和准备。消费方面，2021 年全国社会消费品零售总额增长 12.5%，考虑低基数效应（2020 年为 −3.9%），两年平均增长 4%，相比疫情前 2019 年的 8% 仍有较大差距。其中，商品消费两年平均增长 4.5%，较 2019 年 7.9% 的同比增长偏低；餐饮收入两年平均增长 −0.5%，远低于 2019 年 9.4% 的同比增长；总体看疫情对外出就餐的拖累效应明显。进一步来看，当前消费形势受到近期疫情影响，表现更为低迷，尤其是商品零售方面。2021 年 12 月，社会消费品零售总额同比增长 1.7%，比上月下滑 2.2%；两年平均增速从 11 月的 4.4% 下滑至 3.1%，其中商品零售额两年平均增速为 3.7%（比上月下滑 1.6%），餐饮收入两年平均增速为 -0.9%（比上月回升 0.6%）。出口方面，在海外生产修复、我国高基数效应（2021 年四季度中国出口增速达到 23.1% 的高位）下出口增速更难找寻上升空间。总体来看，三大增长动能中，投资需求正在转型过程中，短期很难大规模释放；消费需求近期受商品零售影响，表现较为低迷；出口需求在高基数下也少有继续释放的空间，需求侧整体较不乐观。

市场信心因预期转弱出现预防性下滑，主要表现在三方面。一是市场需求预期减弱。2021 年 12 月进口增速为 19.5%，两年平均增速为 13.4%，较上月回落了 4 个百分点；环比增速为 -3.1%，远低于历史均值的 5.4%。从主要进口商品来看，拖累环比增速的商品主要是煤、成品油、铜矿、自动数据处理设备等，从原材料的进口需求疲弱可见工业生产需求预期减弱。另一方面，市场预测 2021 年出口呈现出的"高光时刻"可能将要结束，2022 年个别月份出口量同比增速或将转负；基于对出口订单萎缩、产能积压过剩的警惕，近期企业端也有预防性降低生产的预期，出口产品结构方面也观察到耐用消费品、非耐用消费品、中间品和资本品出口增速普遍下滑，总体来看进口、出口两方面均反映国内市场需求预期减弱。二是表现在生产指数转弱。12 月小型企业制造业 PMI 回落至 46.5%，连续 8 个月位于收缩区间，反映小企业生产经营面临困难加剧、投资信心不足。12 月国内疫情反弹，服务业生产指数同比下跌 0.1%，降至 3%，两年平均增速回落 0.2 个百分点至 5.3%，均为连续第二个月温和回落。三是表现在居民消费预期偏弱。12 月 CPI 环比下降 0.3%，有所回落；核心 CPI 环比持平，较同季节水平偏低，主要是因为当前疫情反弹下旅游、交运、外出就餐等线下消费受到制约。这一趋势直观反映在了出游人数的下降，经文化和旅游部数据中心测算，2022 年"五一"假期 5 天，全国国内旅游出游 1.6 亿人次，同比减少 30.2%，按可比口径恢复至疫情前同期的 66.8%；实现国内旅游收入 646.8 亿元，同比减少 42.9%，恢复至疫情前同期的 44.0%。

（三）上海消费下行风险已有所显现

近期供给冲击在新一轮保供稳价政策下有所缓解，但"需求收缩、预期转弱"两大压力犹存，上海消费市场也隐现下行趋势，总体不容乐观。

2021 年上海全年固定资产投资同比增长 8.1%，两年平均增长 9.2%，其中工业投资、制造业投资、房地产开发投资、基础设施投资分别同比增长 8.2%、7.8%、7.2%、5.8%，两年平均增长 12.0%、14.0%、9.1%、1.0%。11 月出口同比增长 22.1%，剔除低基数影响后两年平均增长 10.8%。疫情对投资、出口的负面冲击不甚明显，但对消费产生了一定冲击。2021 年全年社会消费品零售总额同比增长 13.5%，剔除低基数影响后两年平均增长 6.8%，其中批发和零售业、住宿和餐饮业分别同比增长 12.7%、22.7%，剔除低基数影响后两年平均增长 7.5%、−0.7%，住宿和餐饮业受疫情冲击显著。批发、零售业的上涨受疫情后高端消费品回流的助推因素较大，后期也将遇到增长瓶颈。且从微观层面的每日监测数据来看，消费下行压力也已经隐现，2022 年年初上海消费市场出现自 2020 年 5 月大数据监测以来前所未见的增长低谷期，尤其是春节叠加奥密克戎冲击，消费主动力进一步趋缓，要做好市场低迷的应对准备。

（四）与国际市场接轨不可避免受全球供求波动影响

受疫情以及部分国家芯片出口禁令的影响，自 2020 年下半年开始，全球陷入持续性的芯片短缺；进入 2021 年，全球缺芯的情况不仅没有好转，反而愈演愈烈，受影响的行业超过百个，其中汽车行业受影响最为明显。在关键领域被"卡脖子"，造成整体产业链能级不足，也影响到了最终消费。根据消费市场大数据实验室（上海）监测，2021 年以来，上海市汽车行业的消费在 2 月陷入低谷，3 月曾有过一定幅度反弹，自 4 月开始一路走低，

7月已经接近2月低点水平，一直到年底仍未有起色；从同比来看，一季度由于受去年疫情基数较低影响，同比尚能维持正增长，4月开始同比下降，且一路深跌，7月已经同比下降28.8%，最终全年下降16.6%。上海作为全国消费市场的先导，最先受到全球产业链供求波动影响，未来一段时间，新冠疫情仍将对全球产业链造成影响，加上地缘冲突加剧，国际贸易走势不明朗，贸易摩擦仍有加剧可能，上海的消费市场也不可避免受波及，应该做好应对困难的准备。

二、主观环境营造存在的短板

（一）文化影响力弱于老牌世界城市

当前，上海虽然在国内作为消费中心城市的地位首屈一指，但国际影响力尚不及纽约、伦敦、巴黎、东京等城市。一个响亮的城市品牌需要更久的淬炼和更扎实的经济社会基础，上海是改革开放的排头兵，更需要紧紧抓住百年未有之大变局，在消费领域突破重围，而不能满足于国内第一经济城市，或者亚洲重要经济文化城市，全球领先应是上海不懈的追求，扩大上海的国际号召力也需要在城市文化和城市营销方面有所突破，让上海的名字更加响亮。红色文化可以代表国家文化的价值取向，海派文化则是体现上海近代辉煌史的地域文化，弄堂文化可以展现上海潮流脉动的街区文化，三种文化由宏观到微观，怎样拿捏和拓展成为上海进一步传播城市形象的突破点。

（二）消费腹地进一步拓宽阻力有所加强

上海对国内城市的消费有极强的带动作用，上海对全国城市的流出消费甚至时有高于流入消费的时段，但从总体上来看，上海对国内城市消费的影响还固守其腹地长三角区域。一方面的原因是长三角地缘相近、人文相亲，而消费需要一定的文化认同，才能使不同层次的消费有大致相同的认识，才能对消费高地产生向往；另一方面的原因是尽管互联网经济已经高度发展，消费市场的领域仍然很难破除地域限制，就如对于广州和深圳，华南是其消费腹地，对于北京，华北是其消费腹地。多中心的国家战略下，国际消费中心城市跃跃欲试，必将加强对其腹地的影响力，同时进一步拓展腹地。

上海要成为国际消费中心城市，成为国内国际双循环战略链接是非常重要的一步，只有打通国内大循环成为门户城市，才能进一步发挥上海作为全国最大金融经济城市、国际交通枢纽和开放窗口城市的各项优势，充分调动国际国内经济资源，才会成为可以与纽约、伦敦、巴黎、东京媲美的国际消费中心城市。上海在线下和线上消费融合方面的未来商业发展模式探索还有待深入，仍旧需要一些响亮的品牌（如 BAT 这样划时代的案例）。如何解锁线上线下融合模式、实现消费腹地破圈是上海引领国际消费中心建设的突出问题。

（三）同价同质需求呼唤改善营商环境

全球价格差距在快速缩小，不少品牌已经实现了全球价格一体化，有全球同价、线上线下同价的大趋势。珠宝腕表是全球价格差距缩小最快的品类，因为折扣和促销等原因，很多腕表品牌在中国可以拿到最低价格。服装配饰类的国内外价差仍然比较大，不过中国品牌服装产品和国际品牌服装产品的价差正在明显缩小，很多优质中国服装品牌的产品价格与国外二三线服装品牌的产品价格甚至不存在差距，但是与一线品牌服装产品的价格仍然差距非常巨大，部分价差在一倍以上。

预计 3—5 年后，全球关税会进一步降低，不排除很多国家进口商品都会逐步实现零关税。线上线下也将逐步迎来同价时代，其中线上业务发展将是品牌自身努力推动全球价格一体化的主要原因之一。上海如果不能尽快率先消除奢侈品消费的国内国外价差，将难以吸引境外消费者，境内的一部分客户也将随疫情解禁逐渐流失。在实现价格的全球一体化和线上线下一体化的同时，还要注重品质的全球一体化和线上线下一体化，才能做好全球生意。

专栏1 梦龙"双标"引发的监管思考

在实现价格的全球一体化和线上线下一体化的同时，还要注重品质的全球一体化和线上线下一体化，如此才能吸引更多回头客，长久做好全球生意。

2021年8月，联合利华公司旗下的冰淇淋品牌梦龙在社交媒体上被网友质疑中外用料不同，相关话题迅速引发热议，曾一度登上过热搜，联合利华全球副总裁接受央视财经频道采访。这一事件带给一众品牌的经验启示，以及背后所反映出的消费者心理都值得关注。

一方面，对于同一产品而言，不同地区市场、各个国家间的相关标准不尽相同，配料表或宣传用语的表述可能存在差异，但也不能抱着侥幸心理钻空子，实行不同市场的双标对待，这无疑会大大降低消费者对品牌的好感度，丧失对于进口商品的信任。为此有必要加强对商品质量的把关把控，对于相关产品的标准，特别是细分品类、细分产品推出一些新的标准，能够保证企业按照标准生产产品，避免企业在过于宽泛的行业标准内过度寻求利润，从而导致国内商品品质下降，使得已回流的境外消费在疫情结束后再次流失。同时目前进口品牌进入中国时，也存在前期市场调研不足、国内消费文化认识不清等问题，如何加强这方面指导、实现进口品牌软着陆，也是上海仍需要考虑的问题。如若能够把握住机会，上海就将成为进口商品走入中国的最佳热身区，第一次与严格追求品质的中国消费者打上交道。

另一方面，梦龙事件能够引发如此热度，从侧面反映出国内消费者对于品质的追求以及民族自尊心，强烈要求品牌保持与欧美市场相当的高水平高品质，在信息技术、出国消费愈发普及的当下，各种双标问题已难以逃过消费者的"千里眼"，这对于一些已经进入其他市场的国货之光而言，也是一次提醒，必须时刻保持一贯的高水平高水准，不然就是在倒逼消费者向国外市场靠拢。这也是"上海制造""上海品牌"想要打出名号、走向国际的题中之意。

（四）消费信用体系建设缺乏有效规则

一个庞大的市场要有持久力，必然要塑造其规则，将其建设成为一个良性的市场；建设一个良性的市场，信用体系建设已经被证明是一个有效的途径。随着消费维权领域新形势、新问题的不断涌现，传统的消费维权模式已经不能充分满足社会公众呼声日益高涨的消费维权需求，加快消费信用体系建设，构建消费维权立体化是推进消费维权工作的必然选择。

近年来的消费变化突出表现在消费形态从实物消费向服务消费转变，消费结构由基本生存型向发展享受型转变。这意味着，从健康养老到金融理财，从文化旅游到信息服务，信用消费在消费领域的应用场景越来越多，信用环境将直接影响消费者的满意度和消费市场的新增长点。然而消费者对信用体系的感受仍然会有差强人意之感，上海如果抓住了信用体系建设升级的契机，就是抓住了国内国外消费者的支持。将上海塑造成为国际国内知名的消费圣地，消费信用体系建设必然是一张有力的底牌。

（五）新兴线上消费监管措施仍有缺位

近年来，线上消费蓬勃发展，受疫情影响程度明显小于线下消费，但在这种一片向好的形势下，大数据杀熟等网络消费安全问题被频频爆出，即使是一些大牌电商，其中商户提供的商品也存在以次充好、以假充真的案例，给消费者带来不好消费体验的同时，也极大地伤害了线上消费的诚信商业环境，成为线上消费进一步发展的主要障碍。

线上消费的监管存在较多盲区。首先是职责不清，平台由于利益驱使，对加盟商户监管相对较弱，以盈利最大化为原则，疏于监管；其次是网络商业环境更新很快，而商家改头换面的成本又在逐渐降低，因此对监管方式和监管技术提出更高要求；最后，例如网络消费欺诈案件，数额可能不大，不容易引起相关部门重视，消费者维权成本较高，因此常不了了之，助长了网络消费欺诈者的气焰。

上海要撬动国内大市场，不仅需要一个高品位追求的商业环境，更需要有高品质追求的消费群体，不论何种收入消费人群，都是上海庞大消费群体的重要组成部分，上海要在更广泛的人群中竖立起上海消费的强大口碑，不应放任一些低成本经营的线上销售侵害消费者权益，甚至用花样迭出的骗术蒙蔽消费者。为了让消费者摆脱维权的无力感，线上消费监管还需要从制度上、技术上给出进一步明确的约束，上海可以加强这方面探索，率先出台相关法规和标准，进一步净化线上消费环境。

（六）跨境电商发展落后其他试点城市

随着中国与世界之间的交流日益频繁，近年来跨境电商业务往来发展迅速，在家门口就能"买全球"甚至"卖全球"成为上海建设国际消费中心城市的一大目标。上海作为国家首批跨境电子商务试点城市之一，高度重视中国（上海）跨境电子商务综合试验区建设，由线上服务平台、线下示范园区和一批知名企业组成，已经构建起涵盖电商平台、跨境支付、物流仓储的全过程服务。但在国内跨境电商迅速发展的背景下，上海跨境电商一度显现出规模小、发展慢的问题，逊色于深圳、广州等城市的表现。上海作为最终货物集中出境的港口，未能实现在出境前的货物的集聚以及商家的集聚，对于出口电商的规模化培育重视不足。可以看到在疫情影响下，跨境电商作为电商和外贸行业的黑马，正在带动传统中小型外贸企业的转型升级，并颠覆、重塑传统外贸模式与市场格局，上海应当抓住疫情带来的消费转变机遇，着力在跨境电商领域实现弯道超车。

三、"大消费"转型竞争加剧

当前随着消费实践的日益深入，消费概念也逐渐扩展成为"大消费"，涌现出一批消费新业态新模式，传统的商业边界越来越模糊，与日常生活形成紧密联系，例如"十五分钟生活圈"彻底打通居住—消费—公共服务的边界，代表了多元复合城市的未来发展方向。同时"大消费"也开始强调"企业消费"及"生产者服务"，例如网络基础设施建设、行业智库分析报告、公共数据开放等有形及无形的消费服务内容，均具有显著的溢出效应，能够有效减轻企业负担，营造行业发展的良好氛围。总而言之，未来的消费内涵已不仅仅局限于个人消费者与店铺间的一笔笔交易订单，而是包含了与个人消费、接受服务有着直接或间接关系的"大消费"，需要向上下不同环节的双向拓展，既包含了如何支持和引导行业发展，促进城市经济结构转型和功能结构升级，也包含了关注城市如何提升软实力，为居民创造更好的生活空间。

（一）城市软实力比拼逐渐激烈

当前消费正加快融入人们的日常生活生活，文化吸引力和商业竞争力相辅相成，共同成长。虽然在2020年《世界城市名册2020》中，上海由2018年的第6名又跃升1名，仅次于伦敦、纽约、香港和新加坡。但近年来，随着国内各节点城市同时发力建设国际消费中心城市，以及世界范围内，疫情对于各地城市的重塑，上海的城市吸引力正面临国内国际的两方面挑战。

国内方面，上海的文化吸引力有待加强，形成与其他城市的差异化发展路径。例如成都在《孤独星球》杂志发布的2020年"全球十大外籍人士宜居城市"榜中位居第二，凭借丰富的旅游资源和文化底蕴，长期吸引着外籍人士前来旅游或居住，超越了一众欧美城市。这一结果有一定参考价值。同时在社区商业，这一主打便利居民生活的消费新模式中，成都也获评两个全国社区商业示范工程，其中清源社区的项目实现年收入3000多万元，包含了政府委托服务，也有教育培训、家政服务、婴儿照护等社区服务，还有变脸培训、体验、茶艺和演艺的项目，极大地丰富和便利了周边居民的生活。《中共上海市委关于厚植城市精神彰显城市品格全面提升上海城市软实力的意见》指出,"打造满足品质生活的服务体系。着眼于满足人们对美好生活的多元多样多层次需求,在提供普惠均衡的基本公共服务基础上,大幅增加高质量和国际化的教育、医疗、养老、文旅、体育等优质资源和制度供给,推进 15 分钟生活圈建设,用优质公共服务吸引人才、满足市民。"未来上海应继续发挥自身商业优势,让城市生活更加丰富多彩和具有国际范。

国际方面,上海的文化吸引力主要是在文创产业和文化空间上存在弱势。据"2020 长三角高校智库峰会——示范区建设发展专题研讨"发布的《外国人眼中的上海国际文化大都市形象研究报告》,上海的城市表现总体而言,与纽约、伦敦、巴黎相比,差距较大;和东京相比,相差 8 个百分点;和新加坡相比,差值为 0;和香港相比,上海已大幅超越。对标纽约的版权产业、伦敦的创意产业、巴黎的时尚产业、东京的动漫产业,上海目前还没有形成一个具有全球识别特征的文化产业,同时与纽约百老汇、伦敦西区、巴黎香榭丽舍大道等文化功能区域相比,上海现阶段还缺少功能性超级地标文化街区。虽然黄浦江两岸已成为一项空间认同符号,但目前文化活动还较为缺乏。经济学人智库发表的全球最宜居城市榜单对城市文化有一定的侧重,北美和西欧的城市常年位居前列,同样排名靠前的还有澳大利亚、新西兰、日本等国的一些城市。

（二）生产者服务需要提质增效

消费既是国民经济循环的终点也是新的起点,还是加快释放内需潜力、增强经济发展动力的主要着力点。当前的消费升级趋势,正引起深刻变革,带动生产方式发生深刻变化,主要有着数字化、智能化等趋势,对于城市经济结构转型与功能结构升级有着重要意义,"企业消费"及"生产者服务"发生了显著改变。其中"企业消费"可简单理解为企业的各种生产活动通过消费实现,企业从事生产或经营活动,不仅有直接资本投入,而且还包含直接消费各种生产要素,也有着必要的日常消费支出;"生产者服务"则是在商品或其他服务产品生产过程中发挥作用的、企业为企业提供的中间服务,一般包括金融保险服务、现代物流服务、信息服务、会展等门类，尤其以近年平台经济的兴起为代表。

一方面，随着互联网经济的迅猛发展，一批新的平台企业迅速崛起，提供生活便利的同时，也在颠覆既往商业模式。可以看到，平台极大突破了时空限制。凭借网络平台，疫情期间将大量优质的国内外剧院演出搬上平台，打破了文艺演出必须线下的传统印象。同时自 2020 年以来，很多LoveLive! 系列的偶像演唱会已经习惯于开展线上演唱会，甚至只保留线上演唱会而不保留线下场次，只采取直播。得益于平台代理，日本举办的线上演唱会，也能通过国内订票、观看，甚至参与互动，其促进作用已经超出了原本疫情中弥补线下渠道的设想。但是平台经济也尚未成熟，目前还存在垄断、消费者信息保护、网络数据安全、平台监管等方面的争议。

另一方面，数字经济的发展不仅强调硬件方面的基础设施建设，也强调数据资源的互通互享与高效利用。上海在这一点走在了全国前列，据报道2021 年 1 月 25 日，上海数据交易所揭牌成立，启动全数字化交易系统，重点聚焦确权难、定价难、互信难、入场难、监管难等关键共性难题。成立当日，受理挂牌和完成挂牌的数据产品就达到约 100 个，涉及金融、交通、通信等八大类。目前该交易所挂牌的数据产品就包括中国东方航空股份有限公司、高德软件有限公司、上海公共交通卡股份有限公司等提供的航班资源宝、高德路呈和久事客流宝等数据资源。随着《上海市全面推进城市数字化转型"十四五"规划》《上海市数字经济发展"十四五"规划》的发布，未来上海还将继续提升数据资源利用率、保持数字经济的发展势头。

第二节　"十四五"时期上海建设国际消费中心城市的具体举措

"十四五"时期是全力打响"上海购物"品牌，加快建设国际消费中心城市的关键时期，既面临国际环境日趋复杂、不稳定性、不确定性因素明显增多带来的挑战，又有国家大力实施扩大内需战略，上海加快构建国内大循环的中心节点和国内国际双循环的战略链接带来的重大机遇。因此，需要外联内通、求新求变，迎来国际国内市场拓展机遇。

一、提高消费的引领度

（一）打造国际时尚之都，加强文化吸引力

1. 扩展国际影响力

国际上最具权威的城市排名机构 GaWC（英国）每年都会发布《世界城市名册》，对世界各个城市进行排名，其中国际影响力是一个非常重要的因素。据《世界城市名册 2020》(The World According to GaWC 2020)榜单，排名前 9 位的城市中国占据 3 个，中国香港排名第 3，上海排名第 5，北京排名第 6。其他排名前 9（前两档）的城市还有：伦敦居首位，纽约排第 2，新加坡第 4，迪拜第 7，巴黎第 8，东京第 9。

GaWC 排名前两档的城市就可以作为上海建设国际消费中心城市的对标城市。目前来看，上海排名若要超过第一和第二位的伦敦和纽约存在一些不足，但超越中国香港仍是近期可以设定的目标。在当前疫情背景下，上海应当重点扩展线上影响力，以互联网为主要传播媒介，辅以线下推广。建议先期尝试联合上海的老字号品牌开展网上宣传推广，利用派发精美文化小礼品的方式吸引国际消费者参与。可以在国际消费者在线参与的上海消费影响力调查中，植入上海城市形象和上海品质消费的宣传，视疫情情况，还可以发放旅游消费券或线上购物消费券。

2. 彰显文化吸引力

上海其实是一个文化宝库，不仅红色文化、海派文化、弄堂文化相得益彰，自开埠以来的近代史，也在上海留下了时间和空间交会而成的各种历史见证，使得文化成为上海的一张闪亮的名片，应该更加珍惜和深挖其中的价值。

上海是红色文化源头。上海与红色文化的这种深厚缘分，是上海能在中华大地沧桑巨变中勇立潮头的精神依托，也是上海可以为国家代言的最好注释。上海应当把握住红色文化的上升期，在国际青年交流中推广对红色文化的解读，既可以破除意识形态所带来的隔膜，也可以增加上海文化的厚重感，提升城市形象。海派文化就是尊重多元化、个性，兼顾个人和社会利益，以契约精神为主导的理性的、随和的、较成熟的商业文化。海派文化是上海开埠以来勤劳和智慧的结晶，带有明显的地域特色。弄堂文化也是上海独具特色的文化，它既不同于传统的中国江南民居，也不同于西方建筑。然而，它又或多或少地带有中国传统建筑和外来的建筑影响，最能代表近代上海城市文化的特征，也是近代上海历史的最直接产物。可以依托弄堂为场景整理上海故事，包括市井俗趣、亭子间文学、艺术风情等，由旅游文化部门开发管理专门网站，作为了解上海的又一窗口。地域文化特色一直是旅游市场的热门产品，相关的案例有北京胡同、苏州园林等，像苏州园林就有专门网站，上海弄堂的网站可以尽量涵盖一些 VR 体验、元宇宙等科技元素，从而有效提高流量。

专栏2 纽约百老汇的文化扩张

百老汇剧院在其发展过程中，逐步形成了多层次的表演场所。除了（内）百老汇剧院外，还有"外百老汇剧院（Off-Broadway theaters）"和"外外百老汇剧院（Off-off-Broadway theaters）"。（内）百老汇剧院的座位较多（600座或以上），上演剧目成本较高，票价较贵、观众多、影响大，票房收入比较稳定，一般是"营利性"的。"外百老汇"和"外外百老汇"剧场规模较小（分别为600座以下和100座以下），演出的实验性和探索性较强，观众数量和与市场收入相对有限，因此多为非营利性。百老汇、外百老汇和外外百老汇剧院,连同时代广场周围的其他各类表演场所,如饭店内的"用餐剧场"、媒体娱乐公司、电影院、酒吧歌舞厅等,一起造就了纽约的多姿多彩、相得益彰、能满足不同层次人群需求的演艺产业。

2010 年,纽约市加强了对百老汇演出的推广力度,将其推向各类国际旅游展,并与纽约市旅游会展局全球 18 个办事处通力协作:在"纽约:货增价实"(NYC:The Real Deal)等活动中为游客奉上百老汇折扣票价,并在当地出租车、街道宣传栏、候车亭等处树起全新设计的创意广告,吸引人们关注。实际上,百老汇剧院区迄今已有约 200 年的历史,其间曾经历两次兴衰。虽然百老汇最早是市场化引导下的自发集聚,但是每次遭遇危机时,都得益于政府的积极干预和推动而得以复兴繁荣。

2018—2019 年度,百老汇演出迎来了 1480 万观众,创历史新高,其中大约有 35% 的观众来自纽约市大都市区,46% 的观众来自纽约市及其郊区以外的美国各地,19% 的观众来自其他国家,年度外国参观游客 280 万人次创出了历史新纪录。经过调查,受访者表示平均每张票支付 145.6 美元,59% 的受访者表示他们在网上购买了门票。2018—2019 年度,百老汇的总收入也达到了创纪录的 16.33 亿美元,其中音乐剧收入超过 14.4 亿美元,戏剧收入约为 1.80 亿美元。

上海的文化产业也具备庞大潜力。《中共上海市委关于厚植城市精神彰显城市品格全面提升上海城市软实力的意见》中明确提出要构筑更具国际影响力的文化高地,培育涌现更多原创性的文化精品,并保护传承"最上海"的城市文脉。近年来,上海也在踏实践行这一理念,以上海大世界为例,全新升级之后,大世界不仅多了国际范,吸引到更多来自世界的精品剧目前来发布演出，还多了一份国潮气息，纳入民族、民俗、民间文化的展示和传承，有了国内首个"非遗"全息声演艺空间。加上周边的上海音乐厅、上海大剧院等一批重量级建筑，资源、产品、品牌、交易正在大世界集聚，一个全新的演艺产业园蓝图已经绘就，一座"东方百老汇"正在成型。在最贴近城市气质的文化方面，上海要继续坚持以海纳百川的胸怀推进中外文化交流交融，推动文化产业向更高水平发展，使自身成为更有人气的国际文化交流舞台。可以预见以文化为核心的消费模式，将在未来成为上海的一张特色名片。

（二）引领国内消费风尚，建设信用新生态

1. 制定消费市场标准

2016 年，国务院办公厅印发了《消费品标准和质量提升规划（2016—2020 年）的通知》，各地随即制定了相关实施细则。以上海为例，上海市政府办公厅印发了《关于本市贯彻〈消费品标准和质量提升规划（2016—2020 年）〉的实施意见》，意见提出"建设具有上海特色、国内领先的标准化体系，鼓励发展高水平的消费品团体（联盟）标准，推进消费品企业产品和服务标准自我声明公开"，如果上海的政策落实到位，可以将该套标准的具体内容和消费品合规的情况挂至消费者更易查找的位置，甚至标注在各大商场、超市的产品铭牌处，迅速激起推广、践行上海消费标准之热潮。

单靠公布不合格产品并不是一个最优策略，虽然其可以反映质检工作的细致，但是消费者的印象中只有负面信息，长此以往会产生对消费市场的不信任。因此要在消费者目之所及的范围内给出正面清单，同时保证正面清单的绝对安全可靠。建议将上海消费标准也扩展至线上和服务消费，从长远来看，如果依靠线上消费和服务消费的自我规约，达到高标准的要求还有很长的路要走，制定消费标准就是要形成更公平的市场环境，防止线下被淘汰的产品和服务改头换面，用低价等为诱饵欺骗消费者，因此上海消费标准的正面清单应该线上（线上可以从上海企业自有平台开始）线下双管齐下，做到产品和服务的广覆盖，显示出标准制定的上海水准。

产品的"双标"行为，不仅影响中国消费者的体验感，更会导致消费者对市场环境的不信任，但其辨别压力不能全在消费者，毕竟有专业知识和精力时间的消费者只占少数。上海可以结合行业组织互相监督以及消费者的举报信息，通过在主流国际市场上的产品调查，对比国内产品在原材料、生产工艺、适用标准、规格等方面的不同，对企业的双标产品序列予以公开。此外服务行业的双标问题更隐蔽、更缺乏法规标准，可以借助发布"上海购物"诚信指数，督促企业提高服务品质，同时建立起更及时、有效、便捷的反应机制，第一时间回应消费者需求。

2. **培育高端消费客群**

某种意义上，上海已经是国内高端消费市场的风向标。中国有净资产千万以上高端消费者大约 400 多万，其中超过 120 万在上海有投资或购置固定资产，这些人是上海高端消费的主力人群，主要来自长三角、北京、福建、山东等地，其余 280 万高端消费者，人均每年来上海大约 4 次，也在上海市的消费贡献榜上占有重要位置。进入中国市场的国际品牌中，大约有 1200 个国际品牌曾经在上海开店并开展业务，数量居全国第一，上海高端消费的号召力可见一斑。

让奢侈品的产品品质飞入寻常百姓家可以作为上海引领国内品质消费的重要手段。一些奢侈品已经开始走向大众化，但大多不能保持品质如一，也不具有投资价值，因为奢侈品的产能扩大并不容易，此时便容易产生质量打折扣的情况。普通消费者需要的是奢侈品的品质和亲民的价格，可以由企业联合会等行业协会牵头，设立直播带货平台，向大众传播品牌故事，甄选国潮优质品牌商品以及性价比较高的国外好货，分析产品品质与标杆产品的比较结果，一方面消除消费者一味追逐国外品牌的盲目心理，另一方面，也鼓励有高品质追求的产品崭露头角。

3. **引领消费信用体系建设**

信用体系建设的核心是信用评价，对于一款产品或服务，评价的方式可能有三种：第一种是权威机构评价，例如国家质监局对产品合格情况进行评价；第二种是公众评议，例如收集消费者在使用商品后的留言评价；第三种是专家评价，例如行业的资深人士用自己的专业知识做出评价。理论上，当信用体系发挥越来越重要的作用，与现实利益越来越相关，这三种评价都有可能做出过度逐利的行为，而现实中，权威机构评价的道德风险代价最高昂，公众评议和专家评价的道德风险代价却很低，尤其是公众评议，对个人来说伪造信息刷好评不仅有利可图，而且几乎没有任何惩戒。同时，信用体系也容易导致线上商业平台的道德风险，将产品监管责任推给信用评价和公众，放松监管措施而获取更多利润。

所谓信用市场，是商家和消费者共同建立的互信的市场环境，当双方互信时，就是一种 ID 对 ID 的信任，也就是实名的信任，所以建立消费市场信用体系，也要在技术上实现商家和消费者的实名化，而不是现在所依赖的网络上的注册名对注册名的互动，上海可以尝试推行可信身份认证在消费信用领域的应用，对商户（法人）和消费者都使用唯一的身份码，这样收集出的信用信息可以持续追踪，同时平台信用也可由商家的信用统计计算。由此设立相应的惩戒机制能够有效落实，责任人由于考虑到失信的后果，会相应调整自己的行为。越早加入信用体系，越早能够建立 ID 对 ID 的信任，减少商业成本，获得消费信用体系带来的正效益。

二、提高消费的创新度

（一）联通国内外两个市场，催生新业态

1. 用好浦东高水平改革开放平台

上海消费品进口量占全国比重保持在 30% 以上，借助国家赋予浦东新区更大改革自主权，大胆试、大胆闯、自主改，支持打造浦东新区国际消费中心城市核心平台和流通中心，支持浦东新区深化口岸改革、对标国际标准、深化数字化转型、完善集聚高端人才政策。用好"一业一证"政策，鼓

励医疗美容、健康养老等特色服务消费业态在浦东集聚发展。支持具有重大影响力的体育赛事、文艺演出、展览会议、节庆活动在浦东举办,鼓励企业用好保税展示等政策促进消费品进口。依托外高桥等国家级进口贸易创新示范区建设,形成集消费品进口、保税仓储、分拨配送、展示销售、零售推广及售后服务等于一体的服务链。持续推进进口消费品检验工作制度创新,对于需实施检测的进口服装,根据企业申请,经风险评估后以符合性评估、合格保证等合格评定程序代替实验室检测,进一步加快口岸通关速度。鼓励支持有条件的商业企业"走出去",通过新建、并购、参股、增资等方式建立海外分销中心、展示中心等营销网络和物流服务网络,鼓励本市大型商业企业收购国际品牌,推进内外贸一体化,培育形成一批具有国际影响力的本土跨国商业企业集团。

2. 大力推动发展"首发经济"

利用"全球新品首发季"、首发经济示范区等平台载体,推动各类首秀、首映、首展、首演、首发、首店竞相亮相,打造集新品发布、展示、交易于一体的首发经济生态链。提升新品集聚能力,探索对符合标准的品牌首店、首发活动给予资金支持。支持黄浦、静安、浦东、徐汇、虹口、长宁等区打造全球新品首发示范区,鼓励出台相关支持政策。重点支持化妆品、服装鞋帽、珠宝首饰、汽车等国内外品牌在沪开展首发活动和开设首店。打造首发经济载体,支持南京路步行街世纪广场、西岸艺术中心、上海展览中心等核心地标打造全球新品发布地标性载体,支持龙头电商平台打造全球新品网络首发平台。打响上海全球新品首发季、引领性本土品牌新品集中发布周、国际美妆节、潮生活节、上海红品节等活动 IP,形成首发共振效应。加强融媒体平台对首发经济的宣传力度。营造良好首发环境,将符合标准的国内外品牌纳入知识产权重点保护名录。支持品牌加强与商场和电商平台对接,拓展销售渠道。建立活动备案和宣传支持建议名单,在活动审批、宣传保障等方面为品牌新品首发活动和首店落户提供支持。强化市商业联合会和首发经济品牌促进联盟功能，支持第三方机构更好服务国内外品牌专业人才培养和开展首发活动。

3. 积极促进贸易新模式新业态

大力发展离岸贸易、转口贸易、跨境电商、数字贸易等新型国际贸易，进一步推动上海融入全球价值链、供应链体系，提升国内国际两个市场资源配置能力。进一步便利跨境贸易资金流动，支持银行提升企业经常项下离岸贸易外汇收支便利度。在自贸试验区及临港新片区、虹桥商务区等重点区域探索研究鼓励离岸贸易发展的税制安排。支持虹桥商务区内贸易真实且信誉度高的企业通过自由贸易账户开展新型国际贸易。促进洋山港、外高桥"两港"功能和航线布局优化，进一步简化进出境备案手续，提高货物流转通畅度和自由度。在高端装备制造、邮轮保养和船供、沿海捎带、多式联运等方面推进科学化、智能化、便利化监管模式。在智能制造、集成电路、生物医药、大宗商品等领域推动国际分拨发展。加快国家级跨境电商综合试验区和市级跨境电商示范园区建设，鼓励跨境电商模式创新，建设跨境电商营运中心、物流中心和结算中心。深化海关跨境电商企业对企业出口监管试点，支持企业建设海外仓。同时，聚焦数字服务、技术转移、版权贸易、文化娱乐、体育电竞等领域，建设数字服务出口基地、文化出口基地等数字贸易领域国家级基地。发挥上海数字经济和在线新经济发展优势，在数字内容、数字服务领域打造国际性大型互联网平台。加大上海数字贸易品牌培育力度，培育云服务、数字化专业服务领域全球化布局的服务品牌。

（二）激发市场主体活力，鼓励新模式

1. 重点发展数字经济

运用 5G、大数据、人工智能等现代信息技术，促进商业领域数字化融合和改造，实现实体商业线上化、零售终端智慧化、物流配送即时化、生活服务数字化、生产消费个性化，通过强化"五个示范"，大力发展数字经济。推动商业主体、商业品牌、商业活动数字化焕新，建设商业转型标杆。打造

上海网络新消费品牌，在智慧零售、智慧供应链、生活服务、直播电商、云会展和商务信用等领域，增强数字技术在商业场景的深度应用。打造"五五购物节"等一批具有全国影响力、线上线下联动的节庆活动平台。建设示范性数字商圈商街和直播电商基地，完善建设规范。创建一批商业数字化转型示范区。构建覆盖 15 分钟社区生活圈和住宅小区的智能末端配送体系，形成若干个千亿级别的电商平台。

2. 提高外来消费便利度

提升线上线下支付便利度。推动银行业金融机构开展入境游客移动支付服务项目落地实施和推广，优化短期入境游客境内移动支付体验度。鼓励相关银行和非银行支付机构在重点景区、商圈设置可受理境外银行卡的终端设备，完善外卡收单受理环境和支付便利度。近年来银行和支付机构则是加快拓展了移动支付便民消费场景，微信支付宝已支持绑定国外银行卡，例如微信支付与 Visa、Mastercard 等五大国际卡组织合作，支持用户在 12306 购票、京东、携程等覆盖衣食住行的数十个商户消费，这为提升线上线下支付便利度起了个好头，未来还将继续拓宽入境旅客数字化支付渠道。

优化出租汽车多语种使用环境。鼓励网络预约出租汽车平台及巡游车统一调度平台开发英语等多语种界面，拓展支付渠道。在出租汽车候客站新增英语使用页面，方便境外旅客通过候客站"一键叫车"功能呼叫出租车。开发面向国际游客的电子版上海地图。支持市场主体开发集消费场所查询、空间定位、智能交通引导、地址标注收藏等功能于一体的多语种上海电子地图。

探索推广沪苏同城的异地退货。加深同长三角地区的对接合作，为本土消费者和国际游客创造最优质的消费环境和消费服务。推广上海购物苏州退、苏州购物上海退的服务模式，让消费者能够更便捷地办理退货退款。鼓励更多品牌商家参与其中，实行异地异店线下购物无理由退货。由品牌商家签订承诺书，公示彼此销售网点，并加强各地消保部门信息对接，实现异地维权同城待遇。

三、提高消费的聚集度

（一）以开放型市场促进商品和服务集聚

1. 买全球、卖全球，促进消费回流

国际消费中心城市，往往是全球著名消费品牌及其总部集聚的地区，是国家乃至全球范围消费资源的配置中心，能够带动全球消费品供给增长和服务能力。因此，需要加快集聚全球市场主体，引进中高端消费品牌跨国公司地区总部，鼓励支持国际品牌提升地区总部能级，提升总部机构品牌推广运作能力，加强消费品生产、投资、运营、销售的资源整合，缩短消除品牌国内外渠道质量、价格、服务等多方面差距，促进引导消费回流。加快集聚全球优质商品，吸引鼓励个性化、小众化、高品质品牌企业来沪试水、开拓市场，鼓励品牌代理机构通过线上、线下等多种渠道引进特色、小众品牌。支持国内外品牌举办首秀、首展等活动，支持在沪开设快闪店、首店、体验店，进一步提升商品丰富度和品牌集聚度。放大进博会溢出效应，依托进口博览会拓展全球商品便捷高效进入国内的渠道，加快引进更多全球优质商品和服务，努力形成优质平价商品与高端奢侈品、流行爆款商品与特色小众商品协同发展的多层次消费品类布局。

2. 买全国、卖全球，汇聚国货精品

本土品牌是国际消费中心城市的立身之本，建设国际消费中心城市离不开培育一批世界级本土品牌。当前国潮国货方兴未艾，支持上海企业打响消费品牌，促进老字号焕发活力，吸引全国新锐品牌向上海集聚，让更多"国货之光"绽放光彩，将上海打造成为对外集中展示和输出中国特色品牌、消费文化的门户。鼓励发展上海企业打响消费品牌，加强"上海购物"与"上海制造"联动，聚焦服装、汽车、化妆品、食品、工艺品等重点领域，鼓励"上海制造"高精尖发展的同时，鼓励"上海制造"贴近消费、走进百姓，推动一批品质好、品牌响的本土制造品牌走遍全国、走向国际。加快老字号传承创新发展，深化落实老字号"一品一策一方案"，完善老字号扶持体系，梳理支持老字号发展的政策清单和操作指南，为老字号提供政策咨询、宣传推广、资源对接等服务。支持国有老字号企业探索多元化持股形式，积极开展员工持股等中长期激励机制，全面提升国有老字号的创新水平。吸引全国新锐品牌集聚上海，深化打造长三角消费产业链，加强长三角消费品制造业和终端消费市场联动发展，优化沪、苏、浙、皖消费品设计、制造和销售产业链的分工布局。支持重点商贸企业加强与全国各地消费品制造企业合作，支持零售企业发展自有品牌。

（二）以世界级品质吸引国内消费者集聚

1. 加强商旅文体联动

近年来，伴随人们消费需求逐渐从商品层面转到服务层面，居民消费结构加速升级，服务消费、文化娱乐、教育康养、信息消费、绿色消费等新消费热点呈现出巨大增长潜力。促进商业与商务、会展、旅游、文化、体育、康养、信息等产业融合发展，加强部门合作、消费联动。加快发展文旅休闲消费，推进一批文旅场馆智能化升级，建设一批高水平电竞场馆。以演艺大世界剧场集聚区为核心，加快演艺产业发展。扶持一批上海本土原创动漫游戏龙头企业，建设全球动漫游戏原创中心，培育具有影响力的动漫产业集群。鼓励发展体育竞技消费，打造健身休闲多层次的消费场景，扩大优质体育赛事供给。结合重大赛事、节庆活动，大力发展赛事经济、全民体育。鼓励体育用品制造和销售企业研发新型产品、创新供给模式。发展提升健康养老消费，推动"5＋X"健康服务业集聚区特色化、品牌化、差异化发展。开发具有中医药健康特点的旅游产品，大力发展中医药服务贸易。鼓励社会力量盘活存量资源，增加养老服务供给，支持发展大众化的养老项目和服务。支持发展信息消费，促进智能终端、可穿戴设备、智能家居等新型信息产品升级消费，扩大网络文学、互联网游戏等信息服务。

2. 推动在线新经济大发展

提升"互联网＋"餐饮、旅游、家政和体育等生活服务电子商务能级，摆脱地域限制，布局全国市场，放大上海生活电商优势，形成服务各年龄层人群，提供覆盖居民"衣食住行娱"、基于地理位置的个性化本地生活服务。支持医院、学校等发展在线健康服务、在线教育，加快拓展服务覆盖范围，满足多样化医疗健康及教育服务需求。推动无接触经济在零售、餐饮、酒店、健康、医疗等行业加快发展，支持大数据、虚拟现实等新技术加快在各类消费场景深化应用，鼓励数字化技术在零售终端、支付结算等方面应用推广。建设物流配送即时化网络。推动"无接触配送"发展，加快拓展智能末端配送设施投放范围，加大智能快件箱、取物柜在社区、医院、学校、商务楼宇等布局。支持电商企业开展同城即时配送，推动物流仓储中心、分拨中心、快件转运中心和配送站等布局，合理设置生鲜前置仓布局和建设规模，着力构建覆盖15分钟社区生活圈及住宅小区的智能末端配送体系。打造智慧化零售终端体系。推动智能售货机、智能饮料机、智能回收站、智慧微餐厅等各类智慧零售终端发展。在静安、长宁、杨浦、普陀等有条件的区的商务楼宇、医院等，探索试点开展具有保温、消毒功能的智能取餐柜建设。

3. 建设闻名遐迩的商圈载体

聚焦城市中央活力区，构建南京路（南京东路、南京西路）、淮海中路—新天地、豫园、小陆家嘴、徐家汇、北外滩"两街四圈"沿黄浦江东西联动、南北协同，云集国际国内精品、引领时尚消费潮流、吸引全球消费客群的世界级消费金腰带，打造上海建设国际消费中心城市的核心承载区，同时发展面向长三角辐射全国的重点商圈，打造五个新城商业中心，培育彰显城市文脉和商业文明的特色商业街区。坚持最高标准，对标纽约第五大道、巴黎香榭丽舍、东京银座，用心打磨软硬件购物设施，精心设计耐看好看的城市家具，营造多元时尚的文化氛围。如南京东路坚持繁荣繁华和高品位发展导向，结合全国步行街改造提升试点，加快推动业态结构调整升级，大力建设特色鲜明的支马路；豫园商圈发挥民俗特色，培育扶植国潮品牌旗舰店，打造链接传统与现代、民俗与潮流、民族与世界的特色消费地标。体现场景融合，将商圈建设与休闲、娱乐、展演等功能，与艺术、时尚、科技等元素，与博物馆、剧院、会展等街区有机结合在一起，打造沉浸式、体验式、互动式的消费场景，促进购物消费与餐饮消费、旅游消费、文化消费、体育消费、健康消费等各类服务消费联动。注重数字赋能，通过人工智能、物联网、大数据等新一代信息技术，加快商圈基础设施数字化改造，形成科技感丰富、交易便捷的消费体验。推动电商平台赋能实体商业，发挥电商企业大平台、大流量优势，联动线上线下消费、老字号线上购物、首店经济、品质生活等项目。加快实体商业数字化转型，打造一批高科技、定制化、体验式商业新业态新模式，建设一批智慧购物示范场景。增强商圈大数据归集能力，打造一批集精准营销、虚拟导购、智能购物、AR 互动、无感支付等功能于一体的智慧商圈公共服务平台。

四、提高消费的活跃度

（一）以"大消费"促进开放度提升

1. 保持开放型经济优势

上海应利用好自贸试验区建设经验，借助临港新片区发展契机，按照《中国（上海）自由贸易试验区临港新片区条例》要求，实现临港新片区与境外投资自由、贸易自由、资金自由、运输自由、人员从业自由和信息快捷联通，逐步放大临港新片区的辐射带动效应，实现上海市经济开放度的进一步提升。开展服务贸易领域尤其是金融、航运领域开放的试点工作，把制度型开放不断往前推进，让资金、技术自由流动，汇聚世界经济增长合力。同时继续打造旗舰文创活动，主动参与国际交往，宣传上海城市形象，例如通过扶持、引进、合作等方式打造一批国际化水平较高的专业办展企业和会展项目，将上海打造成为国际会展之都。

2. 实现消费领域有机更新

上海国际消费中心建设，既要高大上，也要有烟火气。在商圈建设方面，要加快建设高能级、高品质、高颜值的世界级商圈，打造面向全球消费者的国际消费中心城市核心区，建设出能引领高品质生活和辐射长三角消费市场的五个新城商业中心。继续完善一刻钟便民生活圈建设，增强"一站式"便民服务功能。在文化发展方面，要以海纳百川的胸怀推进中外文化交流交融，营造开放包容的文化环境，从而推动文化产业向更高水平发展，使自身成为更有人气的国际文化交流舞台。在微观层面，用创新末端配送模式打通配送的"最后一公里"，用更亲切的直播平台打造独一无二的消费新场景，以更优的生活品质让城市生活难以忘怀和倍感亲切。

（二）以"大消费"引领产业变革

1. 壮大消费产业研究的支持

新型消费具有较强创新性、成长性和适配性，需要社会多方共同参与研究与培育。从研究来源看，既要加强和各大平台的合作关系，利用积累起的海量实时数据，把脉消费最新动态，也要跟踪国外最新经验，分析国际消费中心城市建设的成功路径，在免税经济、消费氛围塑造等方面加强学习。从研究应用来看，要加强行业的内部交流，可以由政府部门牵头，发挥行业协会、职业培训、高等院校、专业咨询等各类机构的作用，将新发展理念传递给一线经营者。

2. 持续营造优质的发展环境

强化保障措施，从制度层面出发，持续打造消费高质量发展的空间。加快健全消费品流通体系，进一步完善电子商务体系和快递物流配送体系，提高信息互通共享整体水平，降低物流的运行成本。及早建立上海标准，加强对新技术、新应用与新赛道的预先研究与长期追踪，推出相关指导性意见与支持措施，例如对于超高清视频、互动视频、沉浸式视频、云游戏、虚拟现实等新兴产业,在《上海市超高清视频产业发展行动规划(2019—2022年)》的基础上,继续总结经验,及时填补发展空白。同时加强消费领域监管,促进公平竞争,应加大对虚假宣传、仿冒混淆等违法行为的监管和处罚力度,尤其是破解线上消费监管难题,让优质产品能够脱颖而出。

参考文献

[1] 刘社建：《"双循环"背景下上海构建国际消费城市路径探析》，《企业经济》2021 年第 1 期。

[2] 汪婧：《国际消费中心城市：内涵和形成机制》，《经济论坛》2019 年第 5 期。

[3] 李锋、樊星、王孝钰：《抓住全球最新趋势，打造国际消费城市》，《科学发展》2018 年第 7 期。

[4] 王洪存：《构建国际消费中心城市　推动北京城市副中心高质量发展》，《时代经贸》2018 年第 19 期。

[5] 段蓉：《宁波打造国际消费中心试点城市的若干建议》，《经贸实践》2017 年第 20 期。

[6] 王青、王微：《加快培育国际消费中心　打造开放新引擎》，《中国经济时报》2017 年 8 月 16 日。

[7] 刘涛、王微：《国际消费中心形成和发展的经验启示》，《财经智库》2017 年第 4 期。

[8] 吴军：《大城市发展的新行动战略：消费城市》，《学术界》2014 年第 2 期。

[9] 朱春临：《上海国际消费城市建设及打响"上海购物"品牌难点研究》，《科学发展》2019 年第 4 期。

[10] 黄卫挺：《关于建设若干国际消费中心城市的建议》，《中国经贸导刊》2015 年第 19 期。

[11] 郭军峰：《我国消费中心城市识别、集聚特征与驱动因素——基于

空间计量模型的研究》,《商业经济研究》2020 年第 20 期。

[12] 刘元春、张杰:《聚焦国际消费中心城市建设》,《前线》2021 年第 5 期。

[13] 周佳:《国际消费中心城市: 构念、规律与对策》,《商业经济研究》2021 年第 14 期。

[14] 彭刚、李超:《推进高质量经济发展 构建高水准国际消费中心城市》,《金融博览》2022 年第 1 期。

[15] 梁爽:《天津建设国际消费中心城市路径研究》,《城市》2021 年第 2 期。

[16] 王艳华:《首店经济: 消费中心城市的新风标》,《群众》2021 年第 6 期。

[17] 魏颖:《新时代我国国际消费中心城市建设思考》,《产业创新研究》2020 年第 1 期。

[18] 刘士林:《以消费城市为中心促进文旅融合发展》,《人民论坛·学术前沿》2019 年第 11 期。

[19] 钟诗梦、李平:《我国消费中心城市发展水平测度与消费支点效应——基于区域一体化视角》,《商业经济研究》2021 年第 1 期。

[20] 刘司可、路洪卫、彭玮:《培育国际消费中心城市的路径、模式及启示——基于 24 个世界一线城市的比较分析》,《经济体制改革》2021 年第 5 期。

[21] 陶希东:《上海建设国际消费中心城市的成效、问题与对策》,《科学发展》2020 年第 11 期。

[22] 欧玲:《我国中高端消费研究初探》,《上海商业》2019 年第 7 期。

[23] 孙莉、吴战勇:《海外高端消费回流对我国商贸流通产业升级的作用机制》,《商业经济研究》2021 年第 17 期。

[24] 关利欣:《新冠肺炎疫情后中国消费发展趋势及对策》,《消费经

济》2020年第3期。

[25] 毛中根、龙燕妮、叶胥:《夜间经济理论研究进展》,《经济学动态》2020年第2期。

[26] 周继洋:《国际城市夜间经济发展经验对上海的启示》,《科学发展》2020年第1期。

[27] 苏涛永、王柯:《数字化环境下服务生态系统价值共创机制——基于上海"五五购物节"的案例研究》,《研究与发展管理》2021年第6期。

[28] 黄佳金、李敏乐、江海苗:《上海免税购物市场发展现状及对策》,《科学发展》2019年第9期。

[29] 梁威、关利欣、胡雪:《消费国际化趋势下的中国对策》,《国际贸易》2020年第2期。

[30] 颜麒、吴晨光、叶浩彬:《离岛免税政策对海南省旅游需求影响效应实证研究》,《旅游学刊》2013年第10期。

[31] 依绍华:《海南实施游客购物退免税面临的问题与对策》,《中国财政》2011年第10期。

[32] 王磊、杨文毅、张伊娜:《基于消费流的长江中游城市群网络体系研究》,《城市发展研究》2019年第1期。

[33] 张伊娜、牛永佳、张学良:《长三角一体化发展的边界效应研究——基于城际消费流视角》,《重庆大学学报（社会科学版）》(CSSCI)2020年第5期。

[34] 张伊娜、方晓斌:《上海国际消费中心城市建设与扩大内需打造国内大市场研究》,《科学发展》2022年第4期。

[35] Haozhi Pan, Cong Cong, Xiaoling Zhang*, Yina Zhang*, How do high-speed rail projects affect the agglomeration in cities and regions?, Transportation Research Part D-Transport and Environment (SSCI), (88) 2020.

[36] Lei Wang, Wenyi Yang, Xiaoling Zhang, Yan Song, Yina Zhang*, Re-shaping global-ness by spending overseas: Analysis of emerging Chinese consumption abroad, Cities (SSCI), Feb.2021.

[37] Jie Xu, Ming Gao, Yina Zhang*, The variations in individual consumption change and the substitution effect under the shock of COVID-19: Evidence from payment system data in China, Growth and Change (SSCI), Jun.2021, 52 (2).

[38] Terry Nichols Clark (Ed.). "The City as an Entertainment Machine, Research in Urban Policy", Vol.9, Amsterdam: Elsevier-JAI Press, 2004.

[39] Glaeser, Edward L., and Joshua D. Gottlieb. "Urban Resurgence and the Consumer City." Urban Studies, Vol.43, No.8, July.2006.

[40] Terry Nichols Clark, Richard Lloyd, Kenneth K. Wong, Pushpam Jain. "Amenities Drive Urban Growth". Journal of Urban Affairs, Vol.24, No.5, Dec.2002.

[41] Glaeser Edward L., Kolko Jed, Saiz Albert. "Consumer city". Journal of Economic Geography, Vol.1, No.1, Jan.2001.

[42] 上海市人民政府:《上海市人民政府办公厅关于印发〈上海市建设国际消费中心城市实施方案〉的通知》，载上海市人民政府网 https://www.shanghai.gov.cn/nw12344/20210918/1e04ac458e5c4ccb9a1ed0533ace1717.html，2021 年 9 月 18 日。

[43] 重庆市人民政府:《重庆市人民政府办公厅关于印发〈重庆市培育建设国际消费中心城市实施方案〉的通知》，载重庆市人民政府网 http://www.cq.gov.cn/zwgk/zfxxgkml/szfwj/xzgfxwj/szf/202111/t20211112_9948249.html，2021 年 11 月 12 日。

[44] 北京市人民政府:《中共北京市委办公厅　北京市人民政府办公厅关于印发〈北京培育建设国际消费中心城市实施方案（2021—2025 年）〉的通知》，载北京市人民政府网 http://www.beijing.gov.cn/zhengce/zhengcefagui/202109/t20210924_2500473.html，2021 年 9 月 24 日。

[45] 重庆市人民政府:《重庆市人民政府办公厅关于印发〈重庆市培育建设国际消费中心城市实施方案〉的通知》，载重庆市人民政府网 http://www.cq.gov.cn/zwgk/zfxxgkml/szfwj/xzgfxwj/szf/202111/t20211112_9948249.html，2021 年 11 月 12 日。

[46] 天津市商务局、天津市人民政府政务服务办公室:《【一图读懂】〈天津培育建设国际消费中心城市实施方案〉》，载天津市商务局网 http://shangwuju.tj.gov.cn/tjsswjzz/zwgk/jdhy/202110/t20211013_5647822.html，2021 年 10 月 13 日。

[47] 广州市人民政府:《广州市人民政府关于印发〈广州市加快培育建设国际消费中心城市实施方案的通知〉》，载广州市人民政府网 http://www.gz.gov.cn/zwgk/fggw/szfwj/content/post_7926464.html，2021 年 11 月 22 日。

后 记

　　高起点建设国际消费中心城市，对于上海而言有着重要意义。进入2022年的下半阶段，我们对此有了更深的体会。当下在新发展格局中，上海既肩负着打造成为国内大循环的中心节点、国内国际双循环的战略链接的历史使命，也承担着建设首批国际消费中心城市的重要任务，必须进一步巩固发展自身的商业繁荣优势。

　　本书是"消费市场大数据实验室（上海）"2021年的研究成果。"消费市场大数据实验室（上海）"是商务部市场运行和消费促进司、上海市商务委员会、上海市统计局授牌的国家消费市场大数据的首个实验室。实验室通过个人支付终端的大数据汇总和多源数据、多支付方式（银行卡、微信、支付宝）的计算融合，实现T+1天的实时跟踪，做到了线上线下、境内境外全维度的消费监测，成了全国在数字经济领域的一项先行先试，推进了数据技术和消费市场的深度融合应用，为推进消费提质升级、促进形成强大国内市场提供重要的决策支撑。实验室开发的"消费市场大数据监测与决策支持平台"，开创了消费经济的新计量跟踪方式，突破传统供给端的统计，从支付端反向跟踪消费经济的运行情况，受到高度关注。近两年实验室递交的二十余篇决策咨询报告获得有关领导的肯定并取得了重大的社会经济效益。

　　这里，必须深深地感谢商务部市场运行和消费促进司、上海市商务委员会和上海市统计局对我们的指导与支持，以及上海市商务发展研究中心、中国银联股份有限公司、银联商务股份有限公司上海分公司、杉德支付网络服务发展有限公司、国网上海市电力公司、汇纳科技股份有限公司、银联智惠信息服务（上海）有限公司、中国联通有限公司上海分公司、上海要客网络科技有限公司、戴德梁行房地产咨询（上海）有限公司、中商数据有限公司、第一财经·新一线城市研究所、上海收钱吧互联网科技股份有限公司等单位的大力支持。

感谢复旦大学的全力支持，这是实验室存在和发展的基础。特别是孵化、支撑实验室的复旦发展研究院，不仅保障了实验室的日常运作，而且在文理医工融合的咨政理念下，为实验室聚合了经济学、社会学、统计学、计算机科学、中国语言文学、新闻学、公共卫生等诸多专业的研究人员，专业的碰撞与交融激发了消费市场大数据更大的创造力。同时，复旦大学社会发展与公共政策学院、教育部国家发展与智能治理综合实验室、复旦大学人口与发展政策研究中心，对实验室的支持也是巨大的。

当前，我国消费需求越来越呈现提质、转型、分化、创新等新趋势、新特征，新的消费业态不断涌现并发展壮大，既催生了新的经济增长点，也便利了人们的生活，例如上海 25 家智慧菜场建设初具成效，让最具"烟火气"的地方也乘上了数字列车。随着上海建设国际消费中心城市取得阶段性成果，未来还将有数字商圈、"一刻钟便民生活圈"等更多新模式、新场景带给我们惊喜，带给我们研究和探索的方向。实验室助力并见证着上海绽放出更加绚烂的商业魅力。

站在 2022 年下半年，回望过去两年间日日夜夜的点点滴滴，每一条数据的流动和碰撞，都带上了不同寻常的意义。复旦大学消费市场大数据实验室用消费大数据见证了上海消费取得的成就，"五五购物节""首店首发""高端消费"等消费领域关键词已跃入人们眼帘，并日益成为我们生活中的一部分。期待明天，上海在全国乃至全球的聚光灯下因"国际消费中心城市"这一属性，更加光芒四射奔向更美好的生活！

张伊娜

2022 年 9 月 10 日

于复旦大学智库楼

图书在版编目(CIP)数据

聚力双循环 引领新消费:高起点建设上海国际消
费中心城市/张伊娜等著. —上海:上海人民出版社,
2022
(上海智库报告)
ISBN 978 - 7 - 208 - 17918 - 9

Ⅰ.①聚… Ⅱ.①张… Ⅲ.①国际性城市-消费市场
-研究-上海 Ⅳ.①F727.51 ②F299.275.1

中国版本图书馆 CIP 数据核字(2022)第 165986 号

责任编辑 李 莹
封面设计 今亮后声

上海智库报告

聚力双循环 引领新消费
——高起点建设上海国际消费中心城市
张伊娜 等 著

出 版 上海人民出版社
(201101 上海市闵行区号景路 159 弄 C 座)
发 行 上海人民出版社发行中心
印 刷 常熟市新骅印刷有限公司
开 本 720×1000 1/16
印 张 12
插 页 4
字 数 162,000
版 次 2022 年 10 月第 1 版
印 次 2022 年 10 月第 1 次印刷
ISBN 978 - 7 - 208 - 17918 - 9/D · 4002
定 价 52.00 元